祝福された人生の秘訣

申命記に聞く！

塩屋 弘［著］

YOBEL,Inc.

装丁・ロゴスデザイン：長尾 優

はじめに

あれは「ヨブ記に聞く」の本が出来上がって、そろそろ私の手元にも届く、という頃のことです。ちょうど私は、淀橋教会で開かれていたオルフォード説教セミナーに参加していました。そのセミナーで外国人講師が、

「説教の準備をするときには、その聖書の箇所から、神さまが命じておられることは何か、を先ず聞くことが大切だ」

という趣旨のことを話されました。私は、そのように聖書の言葉に接したことがありませんでしたので、大きな衝撃を受けました。

聖書に聞くということは、神さまが私たちに語り掛けておられることに耳を傾けることです。そこで、私たちは神さまから慰めや励ましの言葉をいただいて助けられたら、それで十分だと思い込んでしまいます。神さまの命令に聞く、というと、不自由で律法的な生き方を強いられるような気がします。しかし、講師の先生方のメッセージはすでに何度も聞いていて、「どう

したら〝あんなに福音的な人を生かす温かいメッセージ〟を語れるのだろうか？」といつも考えさせられていました。そして、その秘訣が「神さまの語られる命令にこそある」と教えられたことは驚きでした。

実際に、聖書に記されている神さまの命令というものを聞いてみると、それは今まで自分が思い込んでいたこととは正反対でした。

神さまの命令は、私たちを律法から自由にし、恵みに導く愛の命令だったのです。

そこで、この神さまがお命じになっておられることを皆さんと共に分かち合いたいという思いが起こされ、一緒に御言葉の命令に耳を傾けてみたいと思ったのです。

本書の申命記の「申命」という言葉は「繰り返し命じる」という意味だそうです。神さまの命令がたっぷりと出てきますから、それだけ恵みがあふれているのです。

ヘブル語聖書ではトーラー（律法）に分類されていますから、律法的なイメージがあります。命令ですから、人を束縛するのではないか、と感じて敬遠しておられたかもしれません。けれども、ここに神さまからの愛の語り掛けがたくさん出てきます。これから、その恵みの語り掛けを共に聞いてまいりたいと思います。

なお、特別な言及がない限り聖句の引用は、聖書協会共同訳を用いています。

祝福された人生の秘訣——申命記に聞く！

目次

祝福された人生の秘訣——申命記に聞く！

第1章　祝福への出発――恐れてはならない

恐れてはならない。おののいてはならない。（21節）

サッカー選手が、試合中にふと気が付いて、

「これ、手を使った方が簡単で、確実だ」

と、ボールを持って敵のゴールへ走りこんだとしたら、どうでしょうか？　レフェリーはレッドカードを出して、その選手は一発退場、ということになることでしょう。その時に、退場させられた選手が、

「手を使ってはいけないなんて、何と理不尽なことだ。私に対する悪質な嫌がらせだ。」

と思うでしょうか？　もしそのように思うとすれば、サッカーは楽しくなくなります。本当に

理不尽なルールなら改正の必要がありますが、本来ルールは、楽しく皆が納得できるように作られています。急に手を使う選手が現れて「それもいいだろう」と言ったらサッカーではなくなってしまいます。

そのように、ルールは、皆が平等に納得するものとして定められています。人間の定めるルールには、時代や、社会によって改正しなければならないことも起こりますが、その時にも、皆が合意していることが前提です。

神さまが、私たちに命令をしておられるのは、私たちの人生の祝福という目的のためです。

申命記1章3節に「第四十年の第十一の月の一日に、モーセはイスラエルの人々に、主が命じられたとおりに語った。」とあります。荒野の四十年がついに終わろうとしています。約束の地はもうすぐです。新しいことが始まる最後の準備です。

申命記を通して神さまが私たちに語り掛けておられる**最初の命令**は「**恐れてはならない**」です。聖書の中では何度も繰り返し出てくる命令ですが、申命記にも繰り返し出てきます。この第1章だけでも三度繰り返されて出てきます（17、21、29節）。逆に言えば、それだけ私たちの人生は「恐れ」に満ちているのです。

イスラエルの民は、モーセに率いられてエジプトを脱出して、40年間荒野を旅してきました。その旅がようやく終わろうとする時に、神さまがこのように命じておられるのです。40年前イスラエルの民は、約束の地を目前にして躊躇《ちゅうちょ》してしまいました。今度こそ、約束の地に踏み出すのです。

私たちは、初めてのことに挑戦するときには恐れ、ためらいます。不安が先に立ちます。けれども、神さまは「恐れてはならない」とおっしゃいます。それは、現実から目を逸らして蛮勇を振るうことではありません。赤ん坊がハイハイをはじめ、つかまり立ちをし、やがて二本の足で歩きだすように、私たちを励まし、期待しておられるお言葉です。

この命令に最も慰められ励まされたのは、誰だったでしょうか。それはほかならぬモーセ自身であったはずです。

モーセは、自分が約束の地に入れないことを知っていました。それは神さまがお決めになったことでした。荒野を40年間導き通しまだ気力充実していたモーセが、目の前に約束の地を見ながら、そこに入ることができないということ。そればかりか自分の最期の時が来ていることを知らされていました。

私たちは自分の最期の時をどのように迎えるのでしょうか？　どこかに自分のやり残したこと、心残りがあるかもしれません。もう少し、とかまだまだ、と思うこともあるでしょう。自分が消えた後の世界を想像することはとてつもなく寂しく、深淵に吸い込まれていくようで気が遠くなりそうです。しかし、必ずその日を迎えます。

昔は自宅で最期を迎えたいと思う人たちが多かったように思います。ところが、コロナの感染症によって看取りの機会を奪われ、突然家族と隔離され、そのままビニール袋に入れられて最期の別れも叶わないまま、という人としての尊厳を奪い去られることが起こりました。私たちの人生は、自分が思い描いたようにはいきません。自分で望んで生まれてきたのでもなければ、自分が望むように最期を迎えられるというわけでもありません。けれども、それは不幸なことではありません。私たちは誰ひとり、自分の意志で生まれて来た人はありません。一人ひとりは、神さまが生きるようにと望まれて生まれてきました。そして、神さまが望まれて最期を迎えるのです。

きっと、イスラエルのリーダーであったモーセほど恐れと戦っていた人はいなかったでしょう。そのモーセを支えてきたのは神さまの「恐れてはならない」という御言葉だったのです。

私たちは、目先のことでうろたえてしまいます。イエスさまの弟子たちも、ガリラヤ湖で舟が前に進めないとき恐れました。それも、弟子たちのところに近づいて来られるイエスさまの姿をさえ「幽霊だ」と思って叫び声をあげました。しかし、そんな弟子たちにイエスさまが「安

心しなさい。私だ。恐れることはない」と呼び掛けてくださいます。（参照・マタイ14・22〜27）
きょうも私たちは神さまの「恐れてはならない」という語り掛けに支えられて祝福へと出発していきます。

祈り
わたしが弱く恐れる者であることをご存じの神さま。あなたが私の手をしっかりと握っていてくださり「恐れてならない」とおっしゃって、私にくださる勇気を感謝いたします。
アーメン。

第2章　祝福への促し —— 立ち上がって、出発しなさい

「立ち上がって出発し、アルノン川を渡りなさい。見よ、私はヘシュボンの王、アモリ人シホンとその地をあなたの手に渡す。占領を開始せよ。彼との戦いに挑め」（24節）

「恐れてはならない」と神さまから励ましをいただいた民は、この2章において約束の地に向かって出発していきます。それまでのさすらいの旅ではなく、はっきりとした目的地を目指しての行軍です。

24節には7つの命令形が使われているそうです（『新聖書注解旧約1』579頁、後藤茂光　いのちのことば社）。それを聖書協会共同訳で見るならば「**立ち上がって**」「**出発し**」「**渡りなさい**」「**見よ**」「**占領を**」「**開始せよ**」「**戦いに挑め**」となります。

これまでの荒野での生活が嘘のような矢継ぎ早の命令です。

私たちの人生にも、急にすべての事柄が進み始めることがあります。これまでどれほど手だてを考えても、「これこそ主のみ旨」と信じて動いてみてもすぐに壁にぶつかって動けなくなっていたのが、急に視界が開けて、一気に先まで見渡せるようになったりします。

７という数字は聖書の中では完全数と呼ばれます。神さまの完全なご計画、全き御心の成就の時です。

イスラエルの各部族の代表がカナンの地を偵察に行って報告をした時に、神さまに従っていれば、40年は不要だったかもしれません。ですからそれは長い遠回りとなりました。失敗はないに越したことはありません。ところが、私たちはわかっていても失敗をしてしまうことがあります。そして一度しでかした失敗を取り戻すことは容易なことではないように思います。ところが、その遠回りの時間も、主にある時に素晴らしい恵みの準備期間となります。自らを**省みる時間**、神さまの御心を**見極める時間**、自分にできることは何なのかを**知る時間**、そのために**準備する時間**、周囲の人たちにとって自分が何をすべきかを**理解する時間**、神さまの愛に十分に**生かされる時間**、愛の人として**作り変えられる時間**です。それらの備えが整った神さまの時が満ちて、すべてのことが動き出します。

私たちには、神さまが用意されている道や時間があります。自分の失敗は二度と取り戻せないと感じることもあるでしょう。ほかの人たちが次々と自分を追い抜いて先に進んでいくように見えて焦ることもあるでしょう。でも、心配は要らないのです。神さまの時が来たら、すべてのことが不思議なくらいに進んでいきますから。それまでは、やがて来る希望の時を見つめながら神さまが備えてくださった訓練を一つ一つこなしていくことです。そうすると、自分にできること、自分にできないこと、他の人に助けてもらうことも見えてきます。

「このキリストのお陰で、今の恵みに信仰によって導き入れられ、神の栄光にあずかる希望を誇りにしています。そればかりでなく、苦難をも誇りとしています。苦難が忍耐を生み、忍耐が品格を、品格が希望を生むことを知っているからです。この希望が失望に終わることはありません。私たちに与えられた聖霊によって、神の愛が私たちの心に注がれているからです。」（ローマ５・２〜５）

祈り
あなたがゴーサインを出してくださるその時を待ちます。その時に、すぐに立ち上がって従うことができるように、出発して、挑戦できるように、今日も備えます。　アーメン。

第3章　祝福された役割――彼を強め、励ましなさい

「もう十分だ。このことを二度と語ってはならない。ピスガの頂に登り、西に、北に、南に、東に目を向けなさい。あなたは、ヨルダン川を渡ることができない以上、自分の目に焼き付けておきなさい。ヨシュアに命じ、彼を強め、励ましなさい。彼こそが、この民の先に立って渡って行き、あなたの目にしている地をこの民に受け継がせるのである」（26～28節）

イエスさまは弟子たちに「あなたがたが私の名によって願うなら、父は何でも与えてくださる」（ヨハネ16・23）とおっしゃいました。「祈りはきかれる」というのが聖書の約束でありクリスチャンの信仰です。ところが聖書の中には「きかれなかった祈り」というのが出てきます。よく言われるのが、ゲツセマネの園でイエスさまが祈られた「この杯を私から取りのけてください」（マルコ14・36）という祈りであり、パウロが肉体に与えられた一つの棘を「離れ去らせてく

ださるように、私は三度主に願いました」（二コリント12・8）という祈りです。

それらの祈りと並んで、旧約聖書に記されている「きかれなかった祈り」の代表が、このモーセの祈りです。モーセは、イスラエルの民をエジプトから脱出させた功労者です。彼がいなかったら、エジプトのファラオとの交渉も進まなかったことでしょうし、イスラエルの民もモーセ以外のリーダーの言うことであったなら聞かなかったことでしょう。何とかエジプトとわたりあい民をまとめ上げて、40年を導いてきたのです。誰よりも約束の地を信じて目指したのがモーセでした。40年間我慢して、ようやくすべてのことが動き出して、あとはヨルダン川を渡るだけだ、というところへ来て、神さまはモーセにあなたの役目はここまでだ、とおっしゃるのです。

神さまは決して厳しいお方でもなければ、嫌がらせをなさるようなお方でもありません。モーセに対してもヨルダン川を渡ることはできないけれども、その分約束の地を「自分の目に焼き付けておきなさい」おっしゃっています。モーセの気持ちを一番よくご存じなのが、神さまです。そして、一番よく理解しておられるからこそ、約束の地にはいることはできないと仰せになっておられるのです。モーセなら、難なく、ヨルダン川を渡って約束の地にはいることができたかもしれません。約束の土地に速やかに定住していけるように段取りできたかもしれません。しかし、そのことによってモーセはカナンの地の支配者となってしまったかもしれません。

イエスさまは、ゲッセマネの祈りの中で「しかし、私の望みではなく、御心のままに」（マルコ14・36）と祈られました。神さまの御心の前に、自分の望みを取り下げていくこと、それが十字架の栄光です。イエスさまは、十字架にかかられる前にゲッセマネで、十字架の栄光を経験なさったのでした。神さまの御心が、私の思いと違う時、そこには十字架の祝福が用意されているのです。

新しい地に入って行くときには、新しい指導者が必要です。ヨシュアは、モーセから見れば経験不足に見えるかもしれませんし、リーダーとしての力量はわかりません。しかし、それはモーセが邪魔していることかもしれないのです。神さまは「ヨシュアに命じ、彼を強め、励ましなさい。彼こそが、この民の先に立って渡って行き、あなたの目にしている地をこの民に受け継がせるのである」と語られます。

引き際ほど難しいものはないと思います。それも偉大な指導者であればあるほど、難しいでしょう。人は「まだまだやれます」とか「代わりはいません」とか言ってくれますが、本当は「もうやれない」のですし「代わりならいくらでもいる」のです。モーセの最後の仕事は、ヨシュアを励ますことでした。それは神さまがモーセに**お与えになった使命**です。それはファラオとわたりあい、紅海を渡り、イスラエルの民を率いて荒野を行くのと同じか、それ以上に大切な使命です。最期まで神さまが与えていてくださる使命に忠実でありたいと願います。

祈り

父なる神さま。私の願いではなく、あなたの御心のままに。　　アーメン。

第４章　祝福の主権――主こそ神

「そこで今日あなたがたは、上は天においても下は地においても、主こそ神であり、ほかに神はいないことを知って心に留めておきなさい。」（39節）

聖書に出てくる「主」という言葉は、ご存じのように、イスラエルの神さまである「ヤハウェ」という固有名詞です。ですから、主こそ神、というのは、「ヤハウェこそ真の唯一の神さまです」という信仰告白の言葉です。

イスラエルの民にとって、「主こそ神」ということは単なる信仰告白や、教理の問題ではありませんでした。荒野での40年の生活を通して実際に経験した事実です。

2節で神さまは「あなたがたは、私が命じる言葉に何一つ加えても、削ってもならない。私が命じるとおり、あなたがたの神、主の戒めを守りなさい」とおっしゃいますが、それは「あなたがたは、主がバアル・ペオルでなさったことをその目で見た。あなたの神、主はペオルのバアルに従った人をすべて、あなたの中から滅ぼされた。しかし、あなたがたの神、主に付き従ったあなたがたは、皆、今日も生きている」（3、4節）実地に、御言葉の真実を経験して、神さまがおられること、神さまが導いておられること、神さまが愛しておられることを知ったのでした。ですから、31節には「あなたの神、主は憐み深い神であり、あなたを見捨てることも、あなたを滅ぼすことも、先祖に誓われた契約を忘れることもないからである」とあります。神さまの憐み深さを味わい、体験した荒野での40年でした。

さらに、「主こそ神」という告白をするのは、そのような過去の恵みを忘れないためだけではありません。それは、これから進んでいく約束の地に生きるためにこそ必要なご命令です。生きた神さまの恵みを経験することはクリスチャンに与えられたすばらしい特権です。神さまの愛に包まれて、支えられて生かされている、という喜びは何物にも代えることができないものです。その喜びが、私たちの明日を支えていることに目を留めます。

人は愛された経験を重ねることによって愛する者へと成長していきます。赤ん坊が一人前の大人として成熟していくためには、時間がかかります。身体は、黙っていても大きくなりますが、心は愛されなければ、全く成長ができません。

私たちには、使命があります。ただ漠然と生きているのではなくて、神さまから与えられた使命には明確な意味があります。それは神さまの愛を表す祝福に満ちた使命です。自分だけの恵みに終わるのではなく、私たちの次の世代、その次の世代へと続き、私たちが歩む地域社会に祝福を及ぼしていく大切な使命です。冒頭の御言葉は、「だから今日私が命じる主の掟と戒めを守りなさい。そうすればあなたもあなたの後に続く子孫も幸せになり、あなたの神、主が生涯にわたってあなたに与える土地で長く生きることができる」と40節に続いて行きます。

イエスさまの弟子たちは、イエスさまから訓練を受けていきますが、最も大切な訓練は、十字架を前にして逃げ出した弟子たちが、それでも愛され、受け入れられているという経験でした。十字架の愛を経験した弟子たちだからこそ、復活の主の恵みを命がけで伝える人とされたことを覚えます。それこそが信仰の力です。人生には苦難があります。信じていてもとんでもない苦難が押し寄せてきます。そのような時に、わたしを支えるのは、それまでに経験してきた御言葉の真実です。

「主こそ神」という、イエスさまとの個人的な出会いと愛の経験は、御言葉によって心に刻み込まれて確かなものとなり、私たちを使命に生きるように備えていきます。

「イエスは言われた。『ヨハネの子シモン、私を愛しているか』」（ヨハネ21・16、17）
「このように話してからペトロに、『私に従いなさい』と言われた」（同21・19）

祈り
こんなに愛されていますから。あなたの遣わされるところへ、あなたの愛を生きてまいります。 アーメン。

第5章　祝福の律法 ― ひたすら歩みなさい ― 十戒

「あなたたがたの神、主があなた方に命じられた道をひたすら歩みなさい。そうすれば、あなたがたは生き、幸せになり、あなたがたが所有する地で長く生きることができる」（33節）

5章には、**十戒**《じっかい》が出てきます。これは出エジプト記20章にも出てきます。**律法の中心**です。聖書に記された憲法のようなものです。信仰をもっている人にとっては、今でも当然と思えることでしょうし、一般の人にとっても、第五戒の「あなたの父と母を敬いなさい」から後の戒めは、生きる上での大切なこととして受け入れられるものでしょう。

かつて、デパートでシャガール展が開かれていたときに、会場を覗いていてお店の人に声をかけられました。私が牧師であることがわかると、その人は、「実は、前々から気になっていたのですが、十戒というのは何ですか？」と尋ねられました。映画のタイトルにもなるくらい有名な言葉ですから興味はあるのでしょうが、その中身を知っている人はあまりいないようです。

十戒について大切なのは、十戒が与えられた理由であり、目的です。申命記には、その理由が「そうすれば、あなたがたは生き、幸せになり、あなたがたが所有する地で長く生きることができる」（33節）と記されています。私たちの幸せのために十戒はあると記されています。それは十戒だけのことではなくて、聖書に出てくる律法全体の目的でもあります。私たちが生き、幸せになるためです。私たちを自由にするためです。

ところが、実際には、「〜してはならない」と命令の言葉が続きますから、私たちは束縛されて不自由なように感じてしまいます。もっと自由で生き生きとした人生があるのではないか、と思います。

イエスさまのところへも、そういう疑問を抱いた金持ちの青年がやって来て質問をしました。

「先生、永遠の命を得るには、どんな善いことをすればよいのでしょうか」

するとイエスさまは、

「殺すな、姦淫するな、盗むな、偽証するな、父と母を敬え、また、隣人を自分のように愛しなさい」

という十戒の後半部分を示されました。

ところが、この青年はイエスさまの答えでは満足できなかったのです。

「そういうことはみな守ってきました。まだ何か欠けているでしょうか」とさらに質問をします（マタイ19・16〜22節参照）。

どうも、この若者には、今でいうところの「承認欲求」があったようです。「見てみて、ボクってこんなに頑張ったよ。すごいでしょ。」と周りに認められたいという思いです。誰もが褒められたいですし、認められたいと思いますが、周囲に依存することによってしか自分の存在を認められないとすれば、それはむしろ不幸なことです。

イエスさまは、青年に、

「もし完全になりたいのなら、行って持ち物を売り、貧しい人々に与えなさい。そうすれば、天に宝を積むことになる。それから、私に従いなさい」

とおっしゃいました。全財産を貧しい人に与えることは尊い素晴らしいことに違いありませんがそれが幸せの秘訣なのでもありません。間違っているのは、私たちが何かに依存しながら、その依存しているものを幸いの理由とすることです。束縛から自由になろうとしながら別のものに依存し、もっと不自由になったり、幸せになろうとして不幸せな道を選んでしまうのです。金持ちの青年が幸せになろうと思えば、自分が依存しているものから自立する必要がありました。

3章で「聞かれない祈り」に耳を傾けました。イエスさまは自分の思いではなくて、父なる神さまの御心に依り頼んで、十字架の死にさえ従い通されました。

4章で「主こそ神」と聞いた通り、私たちが依り頼むお方は、この真の神さまただ一人です。「心を尽くして主に依り頼め。自分の悟りに頼るな。」（箴言3・5　新改訳聖書2017）

この5章で、「十戒」は、私たちにそのことを気づかせ、軌道修正するようにと告げているのです。

祈り
あなたの御思いを知ることに心を向けます。本当の幸せを教えてください。　アーメン。

第6章　祝福への姿勢――聞け、イスラエルよ

「聞け、イスラエルよ。私たちの神、主は唯一の主である。心を尽くし、魂を尽くし、力を尽くしてあなたの神、主を愛しなさい」（4、5節）

イエスさまのところに律法学者がやって来て「あらゆる戒めのうちで、どれが第一でしょうか。」と尋ねました。するとイエスさまは「第一の戒めはこれである。『聞け、イスラエルよ。私たちの神である主は、唯一の主である。心を尽くし、魂を尽くし、思いを尽くし、力を尽くして、あなたの神である主を愛しなさい。』」とお答えになりました（マルコ12・28～30節参照）。旧約聖書の中で、**最も大切な命令**がこの6章に出てきます。イエスさまは十戒よりも、何よりも大切な命令としてこの御言葉を示されました。

しかし、それは何も特別なことではありませんでした。律法学者も「先生、おっしゃるとおりです」と解説をします。イスラエルの人たちにとって、また旧約聖書を土台として生きてい

る人たちにとってこの御言葉は特別に愛する御言葉です。「その言葉をしるしとして手に結び、記章として額に付け、また家の入り口の柱と町の門に書き記しなさい」（8、9節）とあります。かつて聖地旅行に行った時に、ホテルの部屋の入り口に小さな金属製の円筒形のものがありました。あとからガイドさんがメズーサと呼ばれる円筒形の物について、「あの中には、この『イスラエルよ聞け』という御言葉が入っているのです」と教えてくださいました。聖書の世界をそのまま現代でも生きていたのです。

旧約聖書の中心がここにあります。それは「主を愛しなさい」です。これこそ、全人類が聞くべき第一の戒めなのです。この一句を理解すればすべてを理解したのと同じです。

どうして「主を愛する」ことが最大の命令なのか、というと、それは「神は愛だからです」（一ヨハネ4章8節）神さまが愛である、ということは神さまの性格の一部ではなくて、本質、でありか神さまのそのものを表す言葉です。三位一体の神さまの中に完全な愛があります。人間は、この神さまが持っておられる愛のすばらしさを理解し、現実に愛し合うことを経験し、神さまの創造された世界を愛によって管理するようにと創造されたのです。それが、

「神は言われた。『我々のかたちに、我々の姿に人を造ろう。そして、海の魚、空の鳥、家畜、地のあらゆるもの、地を這うあらゆるものを治めさせよう。』

神は人を自分のかたちに創造された。
神のかたちにこれを創造し
男と女に創造された。
神は彼らを祝福して言われた。『産めよ、増えよ、地に満ちて、これを従わせよ。海の魚、空の鳥、地を這うあらゆる生き物を治めよ。』（創世記１・26～28）

ということです。

愛は自発的なものです。プログラミングされて自動的に愛するとすれば、それは愛とはいえません。プログラミングできないから愛です。幾通りもの選択肢がある中から自分で考え、探して実行するところに愛の喜びがあります。

小学生のころ、弟の誕生日にプレゼントを贈ろうと思い立ったことがあります。そこで、「週刊少年○○○○」という本を一冊買って、弟に渡すことにしましたが、弟より先に読みたくて、弟の目の前で「これはお前へのプレゼントだけど、ボクが読み終わるまで待っていろ」と待たせた記憶があります。動機は愛から出たことだったと思います。けれども、それを実行する段階で私は自分の欲求の方が勝ってしまいました。罪を犯した人間の愛は、身勝手で時に人を傷つけさえします。互いに愛し合おうと願っても愛しきれない弱さがあります。私たちは、神さまが愛していてくださる愛に目を向け、神さまの愛に触れることによって愛の尊さを知ります。

「神は独り子を世にお遣わしになりました。その方によって、私たちが生きるようになるためです。ここに、神の愛が私たちの内に現わされました。私たちが神を愛したのではなく、神が私たちを愛し、私たちの罪のために、宥めの献げ物として御子をお遣わしになりました。ここに愛があります。」（一ヨハネ4・9、10）

自らの意志を、愛のために用いるのではなく、自分の欲求のために用いてしまい、神さまに背いた私たちですが、そのような私たちをなお愛して、自ら進んで十字架にかかり、私たちの罪を負ってくださった御子がおられます。「ここに愛があります」神さまの愛の招きにお応えして生きることが、愛の姿です。

祈り
あなたを愛することを通して、あなたが愛していてくださることに気づかせてください。
アーメン。

第7章　祝福の覚悟 —— 主の聖なる民

「あなたは、あなたの神、主こそ神であり、真実の神であることを知らなければならない。この方は、ご自分を愛し、その戒めを守る者には、幾千代にわたって契約と慈しみを守るが、ご自分を憎む者には報いて滅ぼされる。ご自分を憎む者にはためらうことなく報いられる。あなたは、今日私が行うように命じた戒めと掟と法を守らなければならない。」（9〜11節）

よく、聖書は神さまからのラブレターと言われますが、申命記もそのような神さまの愛に溢れています。その中でもこの7章は、熱い神さまの愛の想いが燃え上がっています。

神さまは、私たちのことを「聖なる民」「宝の民」（6節）と呼んでおられます。それも「ただ、あなたがたに対する主の愛のゆえに」（8節）と続きます。言い換えるならそれは神さまから、

「あなたは私にとって特別な存在で、私の宝物です。愛に理由なんかないのです。私はあなたのことを愛してしまったのです」

と言われているようなことです。私に何か魅力があったというわけではなくて、神さまの一方的な片思いです。それも、アブラハムと結ばれた愛の誓いを神さまは決してお忘れになることがなかったというのです。アブラハム、イサク、ヤコブ、レビ……モーセと続いてきて、イスラエルの民が、エジプトで奴隷となってしまった時も、片時も忘れず、一途に愛し通してくださっていた。ですから「この方は、ご自分を愛し、その戒めを守る者には、幾千代にわたって契約と慈しみを守る」（9節）と言われています。

「私のことを愛してくれる？　それなら、いつまでも、ずっと一緒だよ」と。そして、この神さまの愛には「あなたはどの民よりも祝福される」（14節）という約束まであります。祝福は具体的なものです。「土地の実り、穀物、新しいぶどう酒、新しいオリーブ油、牛の子、羊の子を祝福される」（13節）これら具体的な祝福は、神さまが愛してくださり、神さまを愛して生きることそのものからきています。祝福を得るために愛するのではなくて、愛するがゆえに祝福を得るのです。

漢字の「愛」は昔からあったのでしょうが、日本人の考える「愛」という言葉の意味は聖書とは違います。

聖書は神さまが「愛のゆえに」イスラエルの民のことを「宝の民」と大胆に告白なさいます。それは秘めた感情ではなくて、ほとばしり出る思いであり、神さまの本心です。そして、それをご自身の意思として、毅然として実行なさる神さまがおられます。

愛は、ただ自分が好きだという感情のことではなく、自ら相手のために労をいとわないことでもあります。「ただ、あなたがたに対する主の愛のゆえに、また、あなたがたの先祖に誓われた誓いを守るために、主は力強い手によってあなた方を導き出し、奴隷の家、エジプトの王ファラオの手から、あなたを贖い出したのである。」（８節）愛の故に、いかなることをも負ってくださる神さま、それが「真実の神」です。

愛は覚悟を持った言葉です。人生や生涯をかけても惜しくない、という覚悟の言葉です。けれどもそれは悲壮な覚悟ではなくて、喜びの故の覚悟です。

「人の子は、仕えられるためではなく仕えるために、また、多くの人の身代金として自分の命を献げるために来たのである。」（マルコ10・45）

祈り

あなたを愛します。あなたが命がけで、御子をも惜しまれないで愛してくださいましたから。わたしもそのように愛します。　アーメン。

第8章　祝福へのステップ――主を忘れないように

「あなたの神、主を忘れないようにあなたは注意し、今日あなたに命じる戒めと法と掟とを守りなさい。」（11節）

息子の結婚式の時でした。私は両家を代表して列席者に挨拶をすることになったのですが、その時に先ず証人となってくださった、かつての九州地区KGK主事であった上田夫妻に感謝の言葉を言おうとしました。ところが急に名前が出てこなくて大変失礼なことをしてしまいました。年齢が進むと固有名詞が出て来ないということが起こります。

この8章には「主を忘れないように」とあります。それは至極当たり前のことです。もちろん、ど忘れしないように、という意味ではありません。お腹が空いて、急いでご飯をかきこんで、あとで「あ、食前の祈りを忘れた！」というようなことを問題にしているのではないことは当然です。ところが、まじめな人たちは、そういうど忘れしたことを深く反省して、もっと本質的な、この命令が、私たちに告げていることに無頓着ということがあります。

そこで、「**忘れないように**」ということをいくつかのステップに分けて聞いていくことにしましょう。

ステップ1

先ほどのど忘れのように、まったく無意識のうちに忘れてしまうことは、誰にもあります。24時間一秒たりとも神さまのことを忘れずに過ごすということは難しいことだと思います。無意識下にはいつも神さまと共にあることを信じていますが、感情的になっている瞬間は神さまのことを忘れていることがあります。穏やかな心でいつも過ごしたいと願いますが、大きな悲しみやふいに訪れる怒りの中で、主を忘れていた、ということが起こることがあります。もし、感情的になって神さまのことを忘れて、他の人に対して誤った態度や言葉を用いたならば、そのことは謝ることが必要ですし、神さまに対しても、そのような自分の弱さを認めて祈ることが大切なことです。けれども、これはまだ、「主を忘れない」ことの入り口でさえありません。

ステップ2

ど忘れでもなく、感情的になって一瞬忘れてしまうのでもなく、意図的に「忘れる」ことは大いに問題です。

国会中継の中で、証人が「記憶にございません」と答えることがあります。国会に呼ばれるほど大切なことが記憶にない、ということはあり得ない気もしますが、同じようなことをやってしまいそうになる誘惑が起こります。もしも、意図して意識から神さまを消し去ろうとするならば大変なことです。申命記では「あなたが食べて満足し、立派な家を建てて住み、牛や羊が増え、銀や金が増し、あなたのあらゆる持ち物が増えるとき、心が驕《おご》り」（12〜14節）とあります。絶好調の時に、神さまのことを忘れてしまう危険が起こるというのです。確かに、あのダビデ王がウリヤの妻バト・シェバとのことで取り返しのつかないような罪を犯したのも、彼の絶頂の時でした。（サムエル下11章）私たちは、誘惑に遭う時に軽い気持ちで「神さま、ちょっとここは席を外しておいてください」と自らの神さまを締め出してしまっています。それは、自分が神さまの座に就こうとしているのと同じことです。恐ろしいことです。

私たちは、誘惑に遭わないために、そして誘惑に遭った時にそれを退けるためにも、主を忘れないでいることが重要です。

ステップ３

主を忘れないことは、誘惑に対して勝利するためにも大切だと記しました。確かに、私たちも、誘惑に遭う時、愛する人の顔を思い出すことは大いに力があります。愛する妻や夫、子供たちの顔が目に浮かべることが誘惑を退ける原動力となります。そして、そのような時に思い浮かべる人の顔とはどのような顔でしょうか？　怒りに満ちた鬼の形相でしょうか？　愛する人の顔、ですからそうではないはずです。にっこりと微笑みかける幸せそうな顔を思い浮かべるはずです。聖書も愛の神さまのことを忘れないように、と記しています。エジプトで奴隷であった民を救い出し、広大で恐ろしい荒野の中を導き、水を湧き出させ、マナを食べさせてくださった神さまです。その目的は「あなたを幸せにするためであった」（16節）とあります。

私たちが主を忘れないのは、神さまの怒りや罰が当たるのが怖いからではありません。神さまが愛の神さまで、私たちの幸せを願っておられるお方だからです。その神さまの愛に応えて生きたいというのが、クリスチャンの願いです。

この神さまの愛に応えて、神さまが愛してくださったように、愛して生きること、それが主を忘れない本来の生き方です。誰が見ていようといまいと、主が愛してくださったように愛し、生きることができる、それは何と素晴らしい幸いでしょうか。神さまは、地上において神さまの愛の御心が成ることを望んでおられます。そしてその愛の御心に生きる者として私のようなものを救い出してくださいました。この恵みに生きたいと願います。

ステップ４

えーと？　忘れてしまいました。ステップ４は、皆さん一人ひとりに神さまが語っておられることです。神さまが語っておられることを喜んで実践しましょう。そこに神の国はあるのです。

祈り

全てのことを忘れても、あなたご自身をいつも身近に覚えて生きることができますように。

アーメン。

第9章　祝福に変えられる —— かたくなな民

「だから、あなたがたは、自分が正しいから、あなたの神、主がこの良い地を所有させてくださるのではないことを知りなさい。あなたは、実にかたくなな民なのだ。あなたの神、主を荒れ野で怒らせたことを思い出し、忘れないようにしなさい。エジプトの地を出た日から、この場所に至るまで、あなたがたは主に逆らい続けて来た。」（6、7節）

第8章では、神さまの恵みを「忘れないように」と御言葉を通して命じられていました。この9章においては、私たち自身がどのような者であるかを「忘れないように」と命じられています。

ここに記されている民の姿は「かたくな」でした。6節だけでなく13節にも「私はこの民を見てきたが、なんとかたくなな民だろう」と繰り返されます。神さまの恵みを忘れて、神さまが「命じた道からそれて、自分のために」（12節）偶像を造り礼拝してしまっています。そのことによって「主の目に悪とされることを行って、主を怒らせ」（18節）ます。それも一度だけでなく「タブエラでも、マサでも、キプロト・ハタアワでも、あなたがたは主を怒らせた」（22節）とあるように、行く先々で「主に逆らい続けて来た」（24節）のでした。

私自身のことを言われているわけです。「何度言えばわかるの」と小さいころから随分と言われてきたなぁと思います。ところが調子に乗ってしまうと、そういう自分の姿を忘れてしまいます。そうして、少し良いことがあると「これは、私の信仰が認められたのだ」というように自分を誇ってまた失敗してしまいます。

そういうことを繰り返していくと「どうせ自分はかたくなだから」と妙なことで開き直ってしまったりします。聖書を読んでも「どうせ救われた罪びとに過ぎないのだから」と神さまに従うことさえ諦めて惰性のような信仰生活に陥ることが起こります。

御言葉を通して神さまが「忘れないようにしなさい」とおっしゃるのは、私たちを責めるためではありません。かたくなで、愚かな罪びとに過ぎない者を、見捨てないで愛し続けておられるお方が招いておられるのです。その愛にお応えするようにと導いておられるのです。本当に憐みです。本来であれば、とっくの昔に滅ぼされてしまって当たり前の私たちが、それでもなお、生かされているのですから。

イスラエルの民はかたくななために神さまの怒りを買いました。ところが、滅ぼされて当然の時に、モーセが何度も執り成し祈っています。「私は、あなたがたを滅ぼそうとする主の怒りと憤りを畏れた。しかし主はこの時も、私に耳を傾けてくださった。アロンに対しても主は激しく怒り、滅ぼそうとされたが、その時、私はアロンのために執り成しをした」（19、20節）

私たちのために主イエス・キリストさまの十字架があることの恵みを覚えます。そして、聖霊なる神さまご自身が「言葉に表せない呻きをもって執り成して」（ローマ8・26）いてくださることによって、私たちは支えられ生かされていることを覚えます。

私より素晴らしい人は幾らでもいます。むしろ、私のようないい加減な人間はそうはいません。けれども神さまは、素晴らしい有益な人材ではなくて、この「かたくなな」者を敢えて選ばれました。それは、ただ一方的な神さまの憐みでしかありませんが、選び出されることには目的があります。イスラエルの民が、神さまの慈しみのご計画を証しする民として選びだされたように、私にも、神さまの愛の素晴らしさを証しする使命が与えられています。それは、私が何か大きなことを成し遂げるというようなことではありません。何にもできない、役立たずと思えたあの「かたくなな」者をさえ愛して造り替えられる真実な神さまがおられ、私さえ救い出される祝福の神さまがすべての人をこの恵みに招いておられるという御心を表すためです。神さまの御心を信じて、私たちも心から従うことを神さまが願っておられ、私たちに期待しておられます。

祈り
あなたの愛によって、それでも赦されている恵みを感謝いたします。あなたに喜んで従います。　アーメン。

第10章　祝福の在り方 —— 心の割礼

「イスラエルよ、今、あなたの神、主があなたに求めておられることは何か。あなたの神、主を畏れ、主の道をいつも歩み、主を愛し、あなたの神、主に、心を尽くし、魂を尽くして仕え、私が今日あなたに命じる主の戒めと掟を守って、あなたが幸せになることではないか。」（12、13節）

ここには、神さまが私たちに命令をなさることの理由が記されています。「主があなたに求めておられることは……あなたが幸せになること」です。私たちが幸せに暮らしたいと思うなら、神さまのご命令を守れば、それでよいのです。実に簡単なことです。それも難しい命令ではありません。「主を畏れ」「主の道を歩み」「主を愛し」「主に仕え」「主の戒めと掟を守る」ことです。何と楽しそうなことでしょうか。

私たちを愛して、そのためには御子をさえ惜しまれない神さまが、私たちにも、愛しなさい

郵便はがき

恐縮ですが
切手を
お貼りください

113 - 0033

東京都文京区本郷 4-1-1-5F

株式会社ヨベル YOBEL Inc. 行

ご住所・ご氏名等ご記入の上ご投函ください。

ご氏名：（　　歳）
ご職業：
所属団体名（会社、学校等）：
ご住所：（〒　　-　　）

電話（または携帯電話）：（　　）
e-mail：

表面に ご住所・ご氏名等ご記入の上ご投函ください。

●今回お買い上げいただいた本の書名をご記入ください。
書名：

●この本を何でお知りになりましたか？
1. 新聞広告（　　　）2. 雑誌広告（　　　）3. 書評（　　　）
4. 書店で見て（　　　書店）5. 知人・友人等に薦められて
6. Facebook や小社ホームページ等を見て（　　　）

●ご購読ありがとうございます。
ご意見、ご感想などございましたらお書きくだされぱさいわいです。
また、読んでみたいジャンルや書いていただきたい著者の方のお名前。

・新刊やイベントをご案内するヨベル・ニュースレター（E メール配信・不定期）をご希望の方にはお送りいたします。
（配信を希望する／希望しない）

・よろしければご関心のジャンルをお知らせください
（哲学・思想／宗教／心理／社会科学／社会ノンフィクション／教育／歴史／文学／自然科学／芸術／生活／語学／その他（　　　）

・小社へのご要望等ございましたらコメントをお願いします。

自費出版の手引き「**本を出版したい方へ**」を差し上げております。
興味のある方は送付させていただきます。
資料「**本を出版したい方へ**」が（必要　　必要ない）

見積（無料）など本造りに関するご相談を承っております。お気軽にご相談いただければ幸いです。

＊上記の個人情報に関しては、小社の御案内以外には使用いたしません。

と呼び掛けていてくださるのですから、こんな感謝なことはありません。愛してくださる神さまを愛することは言われなくても喜んでしたくなります。

ところが、わざわざこのような命令が与えられている、ということは、私たちが主を愛さず、主に仕えず、主の戒めと掟を守らないからです。そのことを神さまが悲しんでおられる。せっかく愛しているのに、どうして愛してくれないのか。それだけで幸せが約束されているのに！という御声が聞こえてきます。

私たちは、アダムとエバが神さまの「ただ、善悪の知識の木からは、取って食べてはいけない。取って食べると必ず死ぬことになる」（創世記2・17）という戒めを破ったその最初の時から、神さまのご命令に従うよりも自分の思いを優先させることを自ら選び続けてきました。そのような私たちの生まれながらの性質の中には、神さまのご命令には従いたくない、という反抗する意識があることを認めないわけにはいきません。

神さまは、「わたしを愛したら幸せになる」とおっしゃるのに、私たちは「神さまに従いたくない」という心があって素直に従うことができないのです。そこで、この申命記10章では「だから、あなたがたの心の包皮に割礼を施し、二度とかなくなになってはならない」（16節）と解決策が与えられています。

J．ウェスレーには「心の割礼」という有名な説教があります。ウェスレーが「心の割礼」と語っていてもそれはウェスレーがホーリネスを標ぼうするために創作した言葉ではありません。パウロが「文字ではなく霊によって心に施された割礼こそ割礼なのです」（ローマ2・29）と既に語っています。しかし、パウロも福音の説明のためにこの言葉を自分で発明したわけではありませんでした。今、読んでいるように、既に旧約聖書の時代に割礼こそが神さまの選びのしるしだと誇っていたイスラエルの民に対して、モーセを通して神さまが語られているのが「心の割礼」という言葉です。

それは、外面的な信仰の在り方ではなくて、心の在り方を問うている言葉です。神さまのご命令に従いきれない私たちが、心から神さまに従うためには、「心の割礼」がどうしても必要だというのです。

ではその「心の割礼」とは実際には何を現わしているのでしょうか？　ウェスレーは彼の説教の中で「神以外に、目的があってはなりません。神のみが究極の目的です」（ジョン・ウェスレー説教53（中）説教17「心の割礼」イムマヌエル綜合伝道団教学局、19頁2行目）と語っています。言うならばそれは「神さま以外のことに惹かれる心を切り離してしまいなさい」ということになるでしょう。「割礼」ですから痛みを伴うことがあるでしょうし、恥ずかしい思いをすることもあるでしょう。そんな面倒なことなら止めておこうという思いも起こります。けれども、愛する神さまがおっしゃっておられることです。イスラエルの民は自分たちが選ばれた民である証拠として喜んで誇りに満ちて割礼を受けましたが、それは体の外面を傷つけたにすぎませんでした。パウロは「あの犬どもに気をつけなさい。悪い働き手たちに気をつけなさい。形だけ割礼を受けた者に気をつけなさい。神の霊によって礼拝し、キリスト・イエスを誇りとし、肉を頼みとしない私たちこそ真の割礼を受けた者です。」（フィリピ3・2、3）と記しています。真の割礼、心の割礼を受けるということは、神の霊によって礼拝する者のことです。

神さまに対して全く反抗している私たちが、心から神さまを礼拝し、神さまご自身を喜んで、神さまに仕えることができるようにしてくださるのは、聖霊なる神さまの働きです。十字架のイエスさまを仰ぐとき、私たちは、自分が如何に身勝手な者であるかを実感します。そして、聖霊なる神さまが愛の恵みを示してくださり自らの心の思いを明け渡すことができるように導いてくださいます。これが、祝福の本来の在り方なのです。

祈り

聖霊なる神さま。私のうちに満ち、私をご支配ください。あなたの愛に満たされる喜びを味わい、その恵みに生かしてください。　アーメン。

第11章　祝福の知識 —— あなたがたは知らなければならない

「今日あなたがたは知らなければならない。知らなければならないのは、あなたがたの子孫ではない。彼らはあなたがたの神、主の訓練を知ることも見たこともなかった。あなたたがたが知らなければならないのは、主の偉大さ、その力強い手と伸ばした腕、すなわち、エジプトの中で、エジプトの王ファラオとその全土に対して行われたそのしるしと御業、エジプトの軍隊、その馬と戦車に行われたこと、エジプト軍があなたがたの後を追って来たとき、主が彼らの上に葦の海の水を溢れさせ、滅ぼし尽くして、今日に至っていることである。」（2～4節）

既に第4章「主こそ神」において、イスラエルの民は荒野の40年を通して主こそ神である、ということを経験してきた、と御言葉に聞きました。この第11章においても、繰り返し、繰り返し「**知らなければならない**」と命じられています。イスラエルの民にとって「知る」ということは「経験する」ということでした。

これから約束の地を受け継ぐ世代の人たちも、これまでのイスラエルの民と同じように生きた神さまの恵みを経験しなさい、ということならわかりやすいのですが、そうではありません。これまで実際に荒野の40年を生きてきたイスラエルの民に対して「知らなければならない」つまり「経験しなさい」と命じられているわけです。

エジプトでの奴隷生活から解放された経験をしました。紅海が分かれ、乾いたところを渡りました。後を追って来たエジプト軍は圧倒的な兵力をもっていましたが、紅海に呑み込まれてしまいました。イスラエルの民にとってそれらは、教えられたり聞いたりしたことではなくて、実際にその目や耳で経験したことでした。それを「知らなければならない」と命じられます。「もう、知っています」と答えたくなるところですが、神さまは、「知らなければならない」と命じられるのです。神さまが命じておられるのは、経験したことの意味です。そこに偉大な主の「力強い手と伸ばした腕」があったこと、「しるしと御業」が働いていたことです。それらは、決して偶然に起こったことではなかったのです。神さまの御手《みて》があったからこそ、イスラエルの民は救い出されたのです。そのことを改めて、「今あるのは、神さまの恵みだ」、と知りなさい、と命じられているのです。

それは、ただ過去を顧みて感慨にふけるためではありませんでした。「そうすれば、あなたがたは強くなり、あなたがたが渡って行って得ようとしている地に入り、それを所有することができ」（8節）とあるように、これからの歩みに必要なことだったのです。

私たちも、苦難の中を通らされて、これはどう考えても奇跡としか思えないという御業を経験します。その時には、その恵みを神さまに感謝したはずなのですが、しばらくすると、あれはただの偶然だったかもしれない、とか、私が頑張った結果だったとか、いつの間にか栄光を帰すべき神さまが隠されてしまうことがあります。私たちは、神さまが共におられて助け出してくださっていること、事実助け出されたことを、そのまま神さまの御業として喜び、祈り、感謝することを自覚的に記憶することが、信仰の祝福、継続、拡大のために大切です。

私たちが救われた、という経験はそれで終わりではありません。むしろそこからが本当の生涯の始まりです。イスラエルの民には、エジプトを脱出して終わりではなく、はっきりと約束の地が待っていました。さらに、約束の地に入ることがゴールではなく、その地で生きるようにと命じられています。同じように、救われた私たちが、神さまの恵みを感謝し、その御業に生きていくときに、神さまの栄光が私たちを通して現わされていきます。まだ神さまのことを知らない多くの人たちに対して、神さまの生きた恵みを知っている私たちの使命があります。主の愛を生きることができる恵みを現わすことが私たちには特権として与えられています。

イエスさまが私のようなものを救い出してくださったことの恵み深さを味わい、その恵みを、今日の恵みとして生きましょう。

「しかし、私にとって利益であったこれらのことを、キリストのゆえに損失と見なすようになったのです。それればかりか、私の主イエス・キリストを知ることのあまりのすばらしさに、今では他の一切を損失と見なしています。」(フィリピ3・7、8)

祈り

あなたが私にしてくださっていることの本当の意味を教えてください。そして、あなたの御心を為す者としてください。　アーメン。

第12章　祝福の場所——あなたはそこへ行きなさい

「むしろ、あなたがたの神、主が、その名を置くためにすべての部族の中から選ぶ場所、その住まいを尋ね求めなければならない。あなたはそこへ行きなさい。」（5節）

私たちは人から命令されることが嫌いです。「わたしのすることにいちいち口出ししないでもらいたい」と思います。そういう息苦しい現実から救われて自由になることを願って、イエス・キリストの十字架と復活の恵みを信じました。

ところが、聖書を読んでいくと「命令」だらけのように見えます。特に旧約聖書を読むと「〜しなければならない」と繰り返し出てきます。そこで私たちは、旧約聖書は古い契約であり、十字架によって古い契約は破棄されたのだから、もう関係ないと言ったりしますが、それではわざわざ旧約聖書を読む意味が分からなくなってしまいます。

旧約聖書に記された命令の目的は何でしょうか？　12章には「あなたの神、主が祝福してくださったすべての手の業を楽しみなさい」（7節）、「共に楽しみなさい」（12節）、「あなたのすべての手の業を楽しみなさい」（18節）と繰り返されます。命令は、私たちを束縛するためにではなく、私たちを祝福し、人生を楽しむために備えられているのです。

神さまが与えてくださった命を喜び、人生を楽しむことが「命令」の目的でした。古い契約も新しい契約も、その契約が目的としているのは、私たちの救いであり、生き生きとした人生を歩むための祝福であり、先に救われた者として、祝福の基となってすべての人たちに祝福をもたらすという使命に生きるためです。

私たちは、自分のやり方で、好きなようにやりたい、と思います。しかし、それは祝福ではなく、反対に神さまから離れた滅びへと向かっていることです。聖書は私たちに、人生は神さまに従って祝福に生きるか、神さまから離れて滅びに至るか、どちらかしかないことを告げています。特に申命記は、このことを最も重要なこととして私たちに告げています。

イエスさまによって救い出された私たちにも「あなたがたは行って、すべての民を弟子にしなさい」（マタイ28・19）という宣教の命令が与えられています。本当に人生を楽しみ、神さまの恵みを喜んで歩みたいと願うなら、ただ自分の好き勝手に生きることよりも、神さまの与えてくださっている尊い使命に生きたいという思いが起こされてくるはずです。

この12章では神さまが「**選ぶ場所**」という語が5、11、14、18、21、26節と何度も出てきます。私が選んだ自分の好きな場所ではなくて、神さまが選んでくださった特別な祝福の場所があるのです。私たちが、自分の場所から神さまの場所へと出ていくときに、私たちに準備されていた神さまの祝福のご計画が動き出します。その時に、とても取るに足りない小さな私たちですが、生かされている実感を味わい、神さまが私のような者をも顧みて用いてくださっている喜びを経験することができます。神さまの使命に従って生きる方が、自分のやりたいことをやるよりもはるかに充実した人生であり、やり甲斐があるのです。

教会の集会に集うことも、神さまが選ばれたところへ出かけていく具体的な在り方の一つです。時には、肉体的、精神的に疲れたと感じることがあるかもしれません。牧師の話はつまらないと思うことがあるかもしれません。あの役員さんがどうも苦手で、というような人間関係もあるかもしれません。けれども、そんな風に感じる私をさえ、神さまは招いておられるのが、礼拝をはじめとする教会の諸集会です。私の好きな場所、好きな方法ではなくて、神さまが私のために特別に用意してくださったところへと私たちが自分のいるところから立ち上がって出かけていく時に、神さまの祝福がわたしの上に成就します。

そのように神さまに従った人たちが集められた礼拝こそが祝福に満ちた礼拝の姿となって、キリストのかぐわしい香りを放っていくのです。

祈り
あなたが私のために選んでくださった祝福の場所へ喜んでまいります。　アーメン。

第13章　祝福による境界線 —— すべて守り行いなさい

「私があなたがたに命じる言葉を、すべて守り行いなさい。それに付け加えたり減らしたりしてはならない」（1節）

「あなたがたの神、主に従って歩み、主を畏れ、その戒めを守り、その声を聞いて、主に仕え、主に付き従わなければならない。」（5節）

この13章からしばらく具体的な神さまの規定が記されていきます。占いや偶像礼拝の禁止はまだわかりますが、食物の規定などのように食べてよい動物と食べてはならない動物が出てきたりしますと、現代日本にいる私たちは思わず笑ってしまいます。私たちは豚も食べればイカ、タコなどほとんどの海産物を食します。しかし、それは「私があなたがたに命じる言葉を、すべて守り行いなさい。それに付け加えたり減らしたりしてはならない」という命令に違反しているのではないでしょうか？　日本人の習慣だから、食べてはならない豚も食べてよい、と勝手に決めてよいのでしょうか？「すべて守り行いなさい」とあることと矛盾しているのではないでしょうか？

もちろん私たちはそうした命令からは自由です。しかし、食物の命令からは自由で何でも食べますが、占いや神社のお祭りなどには、抵抗を感じます。一体、どこで線引きをしたら良いのでしょうか？

ご存じのようにペトロはヤッファに滞在していた時に夢を見ました。大きな布のような入れ物が降りてきて、その中にはあらゆる動物が入っていました。そして「ペトロ、身を起こし、屠って食べなさい」という声を聞きますが、ペトロは「主よ、とんでもないことです。清くない物、汚れた物など食べたことはありません」と答えます。すると「神が清めた物を、清くないなどと言ってはならない」という声がありました。（使徒言行録10・9～16）

またパウロは「食物が、私たちを神のもとに導くのではありません。食べなくても不利にはならず、食べても有利にはなりません。ただ、あなたがたのこの強さが、弱い人々のつまずきとならないように、気をつけなさい」（一コリント8・8、9）と告げています。

特にパウロの場合ここに述べた「強い人」というのは、何を食べても関係ない、と福音に生きている人のことで、「弱い人」というのは、律法に縛られて、頑なに汚れた物を口にしない人のこととして論を展開しています。普通なら、「汚れた物は口にしません」ときっぱり断る人の方が信仰の強い人のように思いますが、そういう行為によってしか信仰を守ることができない人は弱い人だというのです。

ですから、私たちが、ここまでは良い、ここからは悪い、と線引きをして神さまに従っているつもりになっているなら、それも信仰の弱い人、の姿を晒しているということになります。

私たちは主イエスさまの十字架の血潮によって自由なのだ、というところにしっかりと立ちます。しかし、自由だからと言って、私たちは人の命を奪ったり、人のモノを盗んだりはしません。それは神さまのおっしゃる「互いに愛し合いなさい」という命令に反しているからです。申命記によれば、私たちが律法の命令を守るのは「あなたがたの神、主はあなたがたを試し、あなたがたが心を尽くし、魂を尽くしてあなたがたの神、主を愛するかどうかを知ろうとされるから」（13・4）です。神さまとの愛の関係の中で、聖霊なる神さまが私たちに信仰の度合いに従って何が良いことかを示してくださいます。私たちは、示される一つ一つのことに、主を畏れ、神さまの御声をよく聞いて、仕え、従います。聖霊なる神さまは自由なお方です。形式にとらわれることなく、豊かな愛の形を教えてくださいます。その時に、私たちは、愛のご命令を聞き分け、従えばよいのです。生きよ、とおっしゃれば生き、死ね、とおっしゃれば死ぬのです。それは誰かに言われてすることでは決してなく、覚悟というようなことでもなく、自発的な愛からのみ出てくることであり、聖霊なる神さまの導きによることです。

「何事も愛をもって行いなさい」（一コリント16・14）

祈り

正しく御声を聞き分ける耳をください。喜んで従う心でいさせてください。　アーメン。

第14章　祝福の作法 —— 主の子ら

「あなたがたは、あなたがたの神、主の子らである。死者のために自らを傷つけたり、額をそり上げてはならない。あなたは、あなたの神、主の聖なる民である。主はあなたをご自分の宝の民として、地上のすべての民の中から選んだのである。」（1、2節）

7章で神さまがイスラエルの民のことを「主の聖なる民」「ご自分の宝の民」と呼んでくださっていることを聞きました。この14章にも再び「主の聖なる民」「ご自分の宝の民」と出てきます。神さまは変わらずいつでも私たちのことを「主の聖なる民」「ご自分の宝の民」と呼んでいてくださいますが、私たちの方が、すぐに「私のような者は、つまらない」と卑下し、「もう神さまは、愛してはくださらない」と自己憐憫に陥ります。

私たちは信仰生活の中で失敗をしてしまうことがあります。神さまを悲しませてしまうようなことがあります。そうすると、「人が聖くなることなどあり得ない」と自分をごまかして、神さまを信じていない人たちと変わらない生活で満足してしまうことになってしまいます。

しかし、御言葉は何と語っているでしょうか？「あなたが清いものを食べ、戒めを守り、十分の一を献げる生活をするならあなたは聖なる民、宝の民となる」とは、決して語っていません。私たちが聖なる民、宝の民であるのは、「主は地上にいるすべての民の中からあなたを選（7・6）んでくださったからであり、それは「ただ主の愛のゆえ」（7・8）でした。

私たちが神さまの命令を守るという条件で宝の民とされたのではなく、神さまの一方的な愛による選びによって私たちは聖なる宝の民と呼ばれているのです。そのことをよりはっきりと示している言葉が「あなたがたは、あなたがたの神、**主の子ら**である」という1節の言葉です。親子の関係というのは、切っても切れないものです。放蕩息子のたとえの中で、いなくなった息子は「もう息子と呼ばれる資格はありません。雇い人の一人にしてください。」（ルカ15・19）と決心しますが、父親は、「息子を見つけて、憐れに思い、走り寄って首を抱き、接吻した」（同20節）のです。それが父と子の関係です。何をしたか、しなかったか、ということは父と子の関係には何も影響しないのです。

ヨハネによる福音書には「しかし、言《ことば》は、自分を受け入れた人、その名を信じた人々には、神の子となる権能を与えた。この人々は、血によらず、肉の欲によらず、人の欲にもよらず、神によって生まれたのである」（1・12、13）と記されています。イエス・キリストさまがおいでになり、十字架に贖いとなってくださったゆえに、私たちはイエスさまを信じる信仰によって神の子とされています。

モーセに率いられたイスラエルの民は、約束の地に入ろうとしています。そこにはまことの神さまを知らない人たちが住んでいます。その人たちの習慣に従うなら、人が亡くなった時には、喪に服す意味で「自らを傷つけたり、額をそり上げ」たりすることになります。それがしきたりとして人を縛っていたのです。けれども、神さまの子であり、聖なる民、宝の民である人たちは、そのような形ばかりのことにとらわれる必要は全くなかったのです。むしろ、周りの人たちに合わせようとすることによって、本来の自由な感情が奪われてしまいます。神さまの子として、神さまが与えてくださったありのままで良かったのです。悲しみを表すときに、人と同じようにしなければ不作法だというのは本末転倒でしょう。

教会での結婚式や、葬儀に初めて出席なさる方の中には、「どこでお辞儀をしますか？」といったことをお尋ねになる方があります。教会にはこうしなければならない、というような作法はありません。心からの喜びや悲しみが自然と溢れ出ることの方が大切です。
イエスさまを信じることは、私たちを自由にします。神さまの前に真実な心で素直に歩むことができるようになります。神さまから与えられた自由と喜びの人生です。聖霊なる神さまの導きの下で示されることに従うなら、そこに祝福は満ちています。

祈り
あなたの子供とされたのですから、あなたに従うことはわたしの喜びになりました。
アーメン。

第15章　祝福の奇跡 —— 惜しみなく与えなさい

「あなたの神、主があなたに与えられた地のどこかの町で、あなたの兄弟の一人が貧しいなら、あなたはその貧しい兄弟に対して心を閉ざし、手をこまぬいていてはならない。彼に向かって手を大きく広げ、必要なものを十分に貸し与えなさい。」（7、8節）

「彼に惜しみなく与えなさい。与えるときに惜しんではならない。そのことで、あなたの神、主は、あなたのすべての働きとあなたのすべての手の業を祝福してくださる。」（10節）

聖書には、奇跡が満ちています。神さまに従う人たちを通して、素晴らしいことが起こります。社会が変革され、愛の社会が現実となることが記されます。

この15章4節には「あなたの神、主が相続地としてあなたに所有させる地で、主は必ずあなたを祝福されるから、あなたの中に貧しいものは一人もいなくなるであろう」とあります。素晴らしい祝福です。世界中から貧しい人がいなくなる理想の世界が実現する約束です。神さまの約束ですから必ず実現します。モーセに率いられたイスラエルの民は、あのエジプトの国、ファラオの追手を振り切って、約束の地の目前まで来ました。神さまは真実な方です。今も、同じように貧困がなくなり、富を分かち合う世界が実現することを望んでおられます。

しかし、そのためには、私たちが「惜しみなく与える」という条件があります。「惜しみなく」とは、いったいどういう心の在り方のことでしょうか。

かつて、私は、

「3億円の宝くじが、当たらないかなぁ、」と思ったことがあります。「当たったら全部、神さまのためにささげるのに。」と。しかし、数日考えているうちに少し考えが変わりました。

「3億円当たったら、先ず半分は、神さまにささげることにして、残りの半分は、自分の牧会する教会のために使って、一部は自分のために使うことも間違いではないでしょう」と考え始めました。それからまたしばらくすると、

「3億円当たったら、3分の1はささげて……」それがさらに「10分の1」と買ってもいない宝くじなのに、それさえも惜しむ自分の心の在り方に情けなくなったことがありました。

これは元々、宝くじが当たったら、という前提が「惜しみなく与える」ということとまるで

異なっていることを私に教えてくれました。

モーセは、若いころは、自分がエジプトの王子という地位にあり、気力、体力があるから同胞イスラエルを奴隷状態から解放できる、と考えていました。しかし、神さまは、そのような立場やあり方から遠ざけられました。モーセは、ミデヤンの地に逃れ80歳になって神さまから「さあ行け。私はあなたをファラオのもとに遣わす」（出エジプト記3・10）と言われました。その時モーセは「私は何者なのでしょう。この私が本当にファラオのもとに行くのですか」（同11節）と、答えます。「**惜しみなくささげる**」ということは、自分自身が神さまの前にすべてをささげなければ決してできないことです。

これを、自分の力でやり遂げようと考えているなら、止めた方が良いでしょう。モーセは、ミデヤンの地で神さまから命令を与えられた時に、神さまご自身から「私はあなたと共にいる。これが、私があなたを遣わすしるしである。」（同12節）と御声をいただきました。それで、イスラエルの民からも理解を得られないまま、モーセはファラオの前にアロンと共に出ていきます。自分に誇るべきものを持っているうちには、神さまは奇跡をなさらないのです。神さまだけを頼りとしたときに、ファラオとの戦いに勝利し、紅海は分かれました。

そこまでしなくては奇跡が起こらないのなら、自分には無理だ、と思います。けれども、モーセもミデヤンの地でようやく立ち上がったのです。これこそが、紅海が割れる以上の奇跡です。わたしの心が砕かれ、神さまの御心のために用いられるようにしてくださることこそ神さまの奇跡です。自分の力ではなく、神さまの愛の力で、私たちは変えられていきます。

神の独り子であるイエスさまがすべてを捨てて十字架に死んでくださいました。命も誉も一切を惜しまず捨ててくださったお方が、私と共におられるインマヌエルの主です。自分の力や誉れから解き放たれる時に、私たちはキリストの力を経験することができると信じます。

「つまり、こういうことです。惜しんでわずかに蒔く者は、僅かに刈り取り、豊かに蒔く者は、豊かに刈り取るのです。各自、いやいやながらでなく、強いられてでもなく、心に決めたとおりにしなさい。喜んで与える人を神は愛してくださるからです。神は、あらゆる恵みをあなたがたに満ち溢れさせることがおできになります。」（二コリント9・6～8）

私たちが、自分を明け渡し、神さまにおささげするとき、世界を変える神さまの奇跡が始まります。

祈り

独り子をお与えくださったあなたの愛の前に、自分を惜しんでいたことをおゆるしください。アーメン。

第16章　祝福の証し —— 主の前に出なければならない

「年に三度、男子は皆、除酵祭と七週祭と仮庵祭のときに、主が選ぶ場所で、あなたの神、主の前に出なければならない。主の前に何も持たずに出てはならない。あなたの神、主があなたに与えられた祝福に応じて、おのおの手ずからの贈り物をしなければならない。」（16、17節）

拙著『ヨブ記に聞く！』（ヨベル、２０１９年）の中で、人とは何か、ということについて触れたとき、私は「人は神さまを礼拝する生き物」（91頁、13行目）と記しました。世界中、どこへ行っても、必ず何かの神さまを信じているということ、それは、世界中のどこででも、嘘や盗みが悪である、という善悪の基準が同じであるように事実です。

そして、神さまを礼拝するところではどこでも祭りがあります。祭りと聞くと血が騒ぐ人たちも多いようです。今日では伝統的な祭りは後継者のこと等で存続が難しいと聞くこともありますが、その代わりに、現代の祝祭として、スポーツのイベントや、コンサートが年々大規模になってきています。オリンピック、ワールドカップといった世界中を巻き込むようなイベントや、祭りを意味する「フェス」と呼ばれる数万人、数十万人を集めるようなコンサートも人気です。

本当の神さまにささげる祭りではなく、多くの場合は、自分たちのエネルギーのはけ口のように祭りを行います。では、どうして人は祭りに夢中になるのでしょうか？　そこに人が人であることの本質があらわされているように思います。

一つは、人は仕事をするために存在しているのではない、ということです。「土から取られたあなたは土に帰るまで／額に汗して糧を得る。／あなたは塵だから、塵に帰る。」（創世記3・19）とあるように、労働には罪を犯してしまった人間の姿が繁栄されています。

そこから祭りについてもう一つの言い方をすることができます。それは、人は祭りを通して**主の前に出る**、という本来の創造の意味に立ち返ろうとしているということです。人は生きるために働くことが必要ですが、決して働くために生きているわけではありません。私たちが生かされている意味は、神さまの前に出て、神さまの愛に応えて、神さまを愛し、また互いに愛し合うためです。

神さまは、モーセを通してイスラエルの民に三つの祭りを守るように命じられました。それぞれが、エジプトの奴隷状態から逃れ、十戒を付与され、荒野での40年の生活を記憶し、その只中に共におられた神さまの恵みを忘れないようにすることだと、そう誰もが思いました。多分、イスラエルの人たちは、今日でも、その時の恵みを忘れないように大切にその祭りを守っているのです。

しかし、その祭りの本当の意味は、この出エジプトの出来事から千年以上の時を経て、神の御子イエス・キリストさまが「世の罪を取り除く神の子羊」（ヨハネ1・29）としておいでになり、過ぎ越しの祭りの時に、十字架に架かって死んでくださったことによって成就しました。イエスさまは三日目によみがえられましたが、それから7週間後、「五旬祭の日が来て、皆が同じ場所に集まっていると、突然、激しい風が吹いて来るような音が天から起こり、彼らが座っていた家中に響いた」（使徒言行録2・1、2）ことで聖霊降臨の出来事が成就しました。

出エジプトの時に「守りなさい」と言われた祭りの本当の意味は、千年以上経って明らかになりました。イスラエルの民に守るようにと与えられた三つの祭りは、ただ過去の出来事を記憶するためではなく、将来に起こる素晴らしい恵みを証し、指し示すものだったのです。

今日教会は、イースター、ペンテコステ、そしてクリスマスを祝います。それは、神の御子イエス・キリストさまが人となって地上に実際においでになったこと、十字架に架かって三日目によみがえられたこと、50日後に約束通り聖霊が降られたことを記憶するためであることは間違いありません。

しかし、過去のこととしてそれらの日を祝うだけならば、それはこの世の人たちが自分勝手に祭りを行っているのと大差ありません。神さまは祭りを通して「主の前に出なければならない」とおっしゃいます。それも「自分の手ずからの贈り物」を携えて主の前に、です。今日、今、私と共にいてくださり、私に愛の恵みを注いでいてくださり、私を守って豊かに導いていてくださる神さまへの感謝と、クリスチャンに与えられている使命へのチャレンジの言葉です。

キリストの証人として祭りを守るということは、やがて再びおいでになるイエスさまを、今日を生きている人たちと将来に生きる人たちに対して証することなのです。

祈り
あなたは、私を救い出してくださいました。今日も救っていてくださり、やがての日に救い出してくださいます恵みを、今日、感謝いたします。アーメン。

第17章　祝福の王座 —— 生涯、これを読みなさい

「王座についたら、レビ人である祭司のもとにある書き物に基づいて、律法の書を書き写し、傍らに置いて、生涯、これを読みなさい。それは、王が自分の神、主を畏れ、この律法の言葉と掟をすべて守り行うことを学ぶため、また、王の心が同胞に対して高ぶることなく、この戒めから右にも左にもそれないためである。そうすれば王もその子孫も、イスラエルの中で王位を長く保つことができる。」（18～20節）

神さまはモーセを通して、イスラエルの王さまについての規定を述べられます。まだ約束の地に入る前です。イスラエルの最初の王さまサウルが立てられるにはまだ200年ほどあります。私は、行き当たりばったりで、その時になってようやくどうしようか、と慌てて考えることが多いのですが、神さまのご計画は準備万端、用意周到です。

私たちは、王さまになることはありませんが、自分の世界の中で王座にどっかりと腰を下ろ

してしまうことがあります。クリスチャンになる、ということとは、心の王座を神さまに明け渡すことです。そして、心の王座を明け渡すためには、神さまの愛の素晴らしさ、慈しみの深さ、恵みの豊かさを、生活の中で十分に味わい知ることが大切です。そうでなければ、私たちは自分が傲慢であることに気づくことができないからです。私たちは、人から指摘されても反発ばかりで、素直に聞く耳を持てないことの方が多いのです。

神さまは、そんな私たちに前もって教えていてくださいます。聖書を通してすべてのことを示していてくださいます。「傍らに置いて、生涯、これを読みなさい。」とある通りです。

私に洗礼を授けてくださった母教会の吉間磯吉牧師は――、

「話せば長くなるが、爾来召されて伝道者の端くれとせられ、馬鹿の一つ覚えであるが唯聖書と取組んで旧新約を通読するのにある時は3年、あるいは1年、または6か月、一番早い時が3か月で幾回となく通読することをたのしみにして来ました。今思出してもうれしいことは、戦時弾圧のため獄窓で18日で通読したことである。……18日は私としてはレコードである。出来る事なら23か月でよろしいから静養がてら、もう一度あのような静寂な場所で聖書を読むのもわるいことではないなどと思うこともある。」（「牧会漫談：第一巻」再販吉間磯吉著　日本キリスト教団 宮崎市水町教会、3頁）

吉間牧師は、100歳でお召されになりましたが、晩年牧会を離れられても、事あるごとに「わたしの人生にとって最もうれしかったことは拘置所の中、18日で聖書を通読したことです。」と何度も繰り返し話されました。

いつもの生活の中で傍らに聖書があり、その御言葉に支えられていることが、本当の苦難に立ち向かう時の慰めとなり力となるのです。吉間磯吉牧師にとっては拘置所が、救い主と共にある王座となったように。

祈り

御言葉と共にあるあなたとの交わりの場所こそ、真の王座です。　アーメン。

第18章　祝福の信頼関係 —— 全き者でなければならない

「あなたは、あなたの神、主と共にあって、全き者でなければならない。」（13節）

私たち夫婦は、よく喧嘩をします。回数は次第に減って来ましたが、喧嘩がなくなる日は来ないだろうと思います。なぜ喧嘩をするのか、というと、相手のことを愛しているからです。喧嘩の原因は「愛」にあります。変なことを言う、と思われるかもしれませんが。ほとんどの場合はそうです。

O・ヘンリーの小説に『賢者の贈り物』という話があります。貧しい若夫婦が相手のために自分の一番大切にしていたものを犠牲にする麗しい話です。麗しい話ですが、現実では、そううまくはいきません。

「君の美しい長い髪に合うだろうと、僕は一番大切にしていた懐中時計を売ってせっかく櫛を買ったのに。」

「こっちこそ、あなたのその懐中時計にあうプラチナの鎖をと思って大事な髪を切って来たのに」

とお互いに喧嘩が始まったなら、物語は台無しです。

「相手のためを思って自分が犠牲にしたのに、自分の犠牲の意味がなくなった」

というのが、おおよそ、わたしたち夫婦の喧嘩の原因です。

「せっかく、あなたの好きなおかずだからと思って、用意していたのに、晩御飯食べて来た、って、どういうことよ！」

というように、相手のことを思うがゆえに、予定と違うことが起こったり、行き過ぎてしまったりして大ゲンカになるのです。愛している夫婦にはサプライズがつきものですが、サプライズが、相手に受け入れられないと、すれ違いとなってしまいます。そこで、ケンカが絶えないことで道が二つに分かれます。一方は分かりあえない、と心が離れて行く道です。もう一方は、喧嘩は繰り返すのですが、それで愛がますます深まっていく道です。幸いなことに私たち夫婦は後者です。愛が深まるためには、相手の態度や心に対する信頼と誠実さが必要になります。

結婚するときに私たちは誓約をします。その時に、

「富めるときも、貧しき時も、健やかなる時も、病める時も、死が二人を分かつまで」と尋ねられます。そこで結婚の意義が明らかになるわけですが、牧師は「あなたは相手を養いますか」

とも「相手のために家事に専念しますか」とも尋ねません。そんなことは結婚の目的でないことは明らかです。

「あなたは愛しますか」

と尋ねられるのです。愛すること、互いに愛し合うことが夫婦の最大の目的です。そしてこの結婚の秘儀について聖書は「この秘儀は偉大です。私は、キリストと教会を指して言っているのです。」（エフェソ5・32）と記しています。神さまと私たちの関係も愛の関係であり、それは、神さまへの信頼と誠実さによって保たれている関係です。

ヨブ記1章1節は、「ウツの地にヨブという名の人がいた。この人は完全で、正しく、神を畏れ、悪を遠ざけていた」と始まります。ヨブは完全な人の例として聖書の中に登場します。『聖書 新共同訳』では「無垢な正しい人」と訳され、『新改訳聖書２０１７』では「誠実で直ぐな心」と訳されています。「**全き者**」とは神さまがなさることが、たとえ自分には理解できなくても、また、他の人たちが何と言おうとも、間違いはない、と誠実に信頼し、疑わないで従う人のことです。

神さまはいつでも私たちに一番良いことを用意しておられます。ところが、それは私たちが考える良いことよりも遥かに優れたご計画なので、神さまの真意がわからないことがあります。

それで私たちは神さまのなさることに困惑します。「自分は一生けん命に神さまに従ってきたのに、こんな身勝手な神さまにはついていけない。」と、キレてしまったりもします。

バプテスマのヨハネは獄中でイエスさまの様子を聞いて疑問が浮かんできました。この方こそ、世の罪を取り除く神の子羊だと思っていたけれど、本当にそうだろうか?と。イエスさまは「私につまずかない人は幸いである。」（マタイ11・6）とお答えになりました。嵐のガリラヤ湖を静められた時に弟子たちは「非常に恐れて、『一体、この方はどなたなのだろう。』」（マルコ4・41）と互いに論じ合います。また、当時の指導者たちは、このイエスさまのなさることを理解することが全くできませんでした。その極みが十字架です。神さまの、ご自身の御子をさえ惜しまない愛です。私たちのために最愛の独り子をくださる愛です。サプライズでも困惑する私たちですが、神さまははるかに優る恐るべきアメイジングなことをなさいました。

今も、神さまは私たちの常識では計ることのできない、理解をはるかに超える愛のご計画を用意しておられます。

いろんなことが人生に起きるときに、一時的に困惑したり、失望したりしたとしても、神さまの御手を信じ、神さまを素直に愛して、神さまのご命令に気づかされ、立ち返って誠実に生きるように命じられています。そこに「全き者」の姿があります。愛の絆は、よられて太くなり、結び合わされて強くなっていきます。

祈り

あなたが思いがけない方法で愛してくださる恵みを素直に受け止め、その先に用意されている祝福に信頼いたします。　アーメン。

第19章　祝福の基 —— 逃れの町

「血の復讐をする者が激昂して人を殺した者の後を追い、遠い道のりを追いついて、打ち殺すようなことがあってはならない。その者は以前から彼を憎んでいたのではないから、殺される理由はない。それゆえ、私はあなたに『三つの町を取り分けなさい』と命じるのである。」（6、7節）

神さまは、約束の地に入ったならば、そこに三つの町を選んで、逃れの町としなさいと命じられました。この町は、不慮の事故で命が奪われた場合に、その加害者が、被害者の親族から復讐されるのを免れ、それ以上の犠牲者が出ないようにするのが目的でした。

被害者の家族にとっては、自分の愛する家族の命が奪われ、その一方で加害者が生きている、ということは耐え難いことです。これが果たして正義なのだろうか、とさえ思い、そして、自分たちの決断は正しかったのだろうかとさえ思います。家内の父である義父のことを考えると、複雑になります。殺人者が生きていて、やがて刑期を終えて出てくる日が来る、と考えるだけでも気が重くなります。事件は過去のことかもしれませんが、被害者家族にとっては、傷口は今も開いたままなのです。

だからこそ、私たちは、自分の罪深さに恐れおののきます。「人は皆、罪を犯したため、神の栄光を受けられなくなっています」（ローマ3・23）という言葉の重さに愕然とします。しかし、その御言葉は続いて「キリスト・イエスによる贖いの業を通して、神の恵みにより値なしに義とされるのです。」（24節）と宣言します。

私たちの罪は神さまに対するものです。とても赦されるものではありません。そのことを最もご存じのお方こそ、神の独り子イエス・キリストさまです。本来であれば「血の復讐をする者」（ヘブル語ゴーエール）であるお方が、「我らの逃れ場」（詩編46・2）となってくださった贖い主（ゴーエール）です。

私たちは、この贖い主の十字架の御許《みもと》に逃れます。それは、自分が失敗したり、困難な状況に陥ったときだけのことではありません。「しかしもし人を殺した者が、逃げ込んだ逃れの町の境界を出た場合、血の復讐をする者が逃れの町の境界の外で彼を見つけ、そして、血の復讐をする者が人を殺した者を殺しても、血の責任はない。」（民数記35・26、27）と記されています。私たちは十字架の主の御許を離れては生きていくことができないのです。

新聖歌114番「血潮したたる」4節はこのように賛美します。

主よ　主の許に　帰る日まで
十字架の影に　立たせ給え
御顔を仰ぎ　御手によらば
いまわの息も　安けくあらん

主の御許に帰る日まで、私たちは十字架の影に逃れ場を得て歩む者です。十字架を仰ぐことを忘れたら、私たちは、生きている意味も生かされている尊さも分からなくなってしまいます。ただ神さまの憐みによって生かされ愛されている私たちです。私を赦すために自ら十字架に死んで三日目によみがえられた方によって、私たちも互いに赦しあい、愛し合う恵みをいただくことができるのです。

十字架の御許に身を寄せるときに、罪と死の力から自由にされます。そして、主が愛して、赦してくださったように、互いに愛し合い、赦しあう喜びをいただくことができるのです。

祈り
十字架によって赦されているこの恵みにとどまり続けます。とどまり続けることを通して、赦しの恵みを生きてまいります。　アーメン。

第20章　祝福の与える自由 —— 気弱になるな

「聞け、イスラエルよ。あなたがたは今日、敵と戦おうとしている。気弱になるな。恐れるな。うろたえるな。敵の前でおののくな。あなたがたの神、主が共に歩み、あなたがたのために敵と戦い、あなたがたを救うからである。」（3、4節）

聖書が「戦え」と命じるとき、一番の相手は「恐れ」です。「気弱になること、うろたえること、おののくこと」が、信仰にとっての敵なのです。この自らの内側にある事柄が、敵を作り出し、すべての関係を悪化させていきます。

イエスさまは、「敵を愛し、迫害する者のために祈りなさい。」（マタイ5・44）とおっしゃいました。

私たちが気弱になったり、恐れたりすることの裏返しとして、気丈に振舞ってみたり、強い言葉で周りをけん制したりすることが起こります。見た目には、強そうに見えても中身は同じです。自尊心というのはなかなかやっかいです。自分でも気づかないで、自分が傷つかないように二重三重に自分の心を守るように壁を張り巡らしていますから、自分で自分の間違いに気づくことはほとんど出来ません。

新型ウィルスの影響でこれまでとは違った生活を強いられています。実は私は最初の半年ほどは、マスクを着けませんでした。周囲の人たちが皆マスクをつけていても、どうもマスクをすることに抵抗があったのです。

「どうして、私はマスクの着用に抵抗するのだろうか?」と自問自答いたしました。

人に聞かれれば、

「マスクは嫌いです」というのですが、どうしてマスクが嫌いなのだろうか？　ウィルスを防ぐためには有効な手段で、予防のためにもマスクは必要なはずなのに？　と自分でどうしてマスクをしないのかを考えたわけです。そうしておりました時に、はた、と気づいたのです。それは、私はマスクが嫌いなのではない、ということです。マスクは全く関係のないことでした。

私にとって抵抗感があったのは、

「どうして頭を隠さないのに、顔を隠すのか」ということだったのです。禿げ頭を晒しておきながら、マスクをする、ということは、私にとっては矛盾を感じることだったのです。本当なら顔よりも頭の方を隠しておきたい、そういう思いがどこかにあって、でも、そういうことを口にするとそれだけで自分の恥ずかしい部分に触れるような気がして、言葉にはできない。それで無意識のうちに「わたしはマスクが嫌いだ」というひねくれた表現をしていたことに気づいたわけです。

ああ、私の弱さはこんなところにあったのだ、と自分でも意識していなかった弱さを経験しました。それで、私の頑なな心も自由になりました。

お年寄りが、暑い夏のさ中に、エアコンを付けていなかった。介護士さんが「エアコンつけましょうか」というと「エアコンの風が嫌い」と答えたそうです。「危険な暑さだからつけましょう」と促すと、リモコンを持ってきて「どうやって使うの？」と答えたという話があります。エアコンの風が嫌いだったのではないのです。学校や職場でのいじめも、ヘイトスピーチをする人たちの過激な発言や、ネット上の誹謗中傷も、自分の中にある恐れや無知に気づかれたくない、という思いが背景にあるのかもしれません。

「愛には恐れがありません。完全な愛は、恐れを締め出します。恐れには、懲らしめが伴い、恐れる者には愛が全うされていないからです。私たちが愛するのは、神がまず私たちを愛してくださったからです。」（一ヨハネ4・18、19）

私たちが、本当の意味で気弱にならず、おののかず、喜びの内を歩むことができるようになるのは、イエス・キリストさまの十字架の愛によって生かされていることを経験するからです。

祈り

あなたの十字架の愛が、私の隠れた恐れに気づかせてくださり、そこから自由にしてくださったことを感謝いたします。　アーメン。

第21章　祝福の驚き —— 神に呪われた者

「ある人に死刑に当たる罪があり、処刑される場合、あなたは彼を木に掛けなければならない。あなたはその死体を夜通し、木に残しておいてはならない。必ずその日のうちに葬らなければならない。木に掛けられた者は、神に呪われた者だからである。」

（22、23節）

18節からのところに「反抗する息子」に対する規定が記されています。「かたくなで反抗し、私たちの言うことを聞かず、放蕩にふけり、大酒飲み」（20節）というのが、その内容です。そして、そういう息子は、「石で打ちなさい。彼は死ななければならない。」（21節）と続きます。

親が子供を訴え出る、というのはよほどのことです。通常なら、自分の子どもは可愛くて仕方がないはずです。それが、自分の息子を死刑にするように訴え出る親の気持ちというのはどの様なものなのでしょうか？

イエスさまは、「いなくなった息子」のたとえを話されたときに、自分の相続分の財産を生きているうちに持って家を出て、放蕩三昧で身を持ち崩したこの弟息子を「まだ遠く離れていたのに父親は息子を見つけて、憐れに思い、走り寄って首を抱き、接吻した」(ルカ15・20)と、父なる神さまの愛がどれほど尊いか、ということをお話になりました。

神さまの独り子であるイエスさまが公の生涯を歩みだされる初めに、バプテスマを受けられ水から上がられると「あなたはわたしの愛する子、私の心に適う者」(マルコ1・11)と言う声が天から聞こえました。

三人の弟子を連れて高い山に登られ、イエスさまの姿が変わって真っ白に輝いた時にも雲の中から声がありました。それは「これは私の愛する子。これに聞け。」(同9・7)

天から声が聞こえたときに神さまがおっしゃったのは神さまが手放しでイエスさまのことを愛している、ということでした。罪びとをさえ愛される神さまは、当然のことながら、独り子であるイエスさまを心底愛しておられたのです。

誰もが知っているあのヨハネによる福音書3章16節の「神は、その独り子をお与えになったほどに世を愛された。」という「独り子」という言葉をNew International Versionは“his one and only Son”と訳しています。ただ一人の息子です。

イエスさまは、神さまの愛する自慢の独り子でした。ところが、その愛してやまない罪なき独り子を父なる神さまは呪われた、というのが十字架のできごとです。

それればかりではありません。十字架に架かる、ということは、神さまから呪われた者、だということです。新約聖書でもガラテヤの信徒への手紙3章13、14節には、この申命記の箇所を引用しながら「キリストは、私たちのために呪いとなって、私たちを律法の呪いから贖い出してくださいました。『木に掛けられた者は皆、呪われている』と書いてあるからです。それは、アブラハムに与えられた祝福が、キリスト・イエスにおいて異邦人に及ぶためであり、また、私たちが、約束された霊を信仰によって受けるためでした。」とあります。

新聖歌233番は「驚くばかりの恵み」と神さまを賛美しますが、その驚くべき恵みは、決してきれいごとではなく、凄まじく恐ろしいできごとです。この冒頭の御言葉は、この神さまの恵みがどれほど尊い、そして恐るべき恵みであったのかを私たちに示しています。

イエスさまの十字架が救いであるのは、罪のない神さまの最愛の独り子であるお方が、神さまから事実呪われて死なれたからです。私たちの罪は、決して赦されない重いものです。私たちの罪は恵みによって赦されたのではなく、断罪され、その刑罰は執行されたのです。

御子イエス・キリストさまが私の身代わりとなって十字架に架かって死んでくださったから、

私の罪は抹消されたのです。どんなに罪深い者であっても、既に、その罪の代価は支払われているのです。

祈り
それは、私の受けるべき呪いでした。
アーメン。

第22章　祝福による実行――見ない振りをしてはならない

「同胞の牛または羊が迷っているのを見て、見ない振りをしてはならない。必ずそれを同胞のもとに戻さなければならない。」（1節）

「見ない振りをすべきではない。」（3節）

イエスさまが私たちに与えられた新しい掟は、「互いに愛し合いなさい」ということです（ヨハネ13・34）。そしてそれは、旧約聖書の掟《おきて》が本来伝えようとしていたことでもありました。「愛する」ということは法律で規定することができません。愛は自発的なもので、愛を強制するならそれはもはや愛とは呼べないからです。そこで、「愛する」ための具体的な在り方や方法を定めて掟としたのが律法です。

ところが、人はいつでも簡単で楽な方を選ぼうとします。

たとえば、「安息日を守ってこれを聖別し、あなたの神、主があなたに命じられたとおりに行いなさい。」（申命記5・12）とあれば、律法を守るために、夕方以降は火を使わない、とか、何歩以上歩かない、と決めてしまえば楽です。本来は、人の創造の目的を覚え、神さまの救いの恵みを覚え、神さまと親しく交わるための安息日の規定は、人を締め付ける冷たい条文に変わってしまいます。

イスラエルの民だけでなく、私たちも、「伝道」や「主日礼拝」や「献金」「ディボーション」など、恵みとして与えられている素晴らしい機会を、律法やノルマのように感じてしまうことが起こります。その結果、せっかくの恵みの機会であったものに対する強い反発が心の内に芽生えて、教会の批判や、教会を去る理由となったりします。何かをする、ということは、強制されることではなくて、自発的でなければ喜びではなく、怒りを生み出してしまいます。

本来の意図から離れず、その積極的な精神こそを受け止めて歩むところに、救われていることの生きた祝福があります。

イエス・キリストさまは、私たちの罪にまみれた姿を見逃されませんでした。ご自身のこととして受け止めてくださり、同じように痛みを共にする人間として地上に来てくださいました。私たちの罪を自ら負ってくださって十字架に架かってくださいました。私たちのために罵られ、辱《はずかし》められ、血まみれになって死なれました。私たちのために三日目によみがえられて、死を打ち破ってくださいました。

全能の神さまであるイエスさまゆえに「見ない振り」ができなかったのです。その神さまが、私たちにも互いに愛し合うようにと招いておられます。

人から言われてするのではなくて、あなただけが気づいたこと、あなたにしかできない愛のはたらきが必ずあります。

「律法の専門家は言った。『その人に憐みをかけた人です。』イエスは言われた。「行って、あなたも同じようにしなさい。」」（ルカ10・37）

神さまの掟は、互いに愛し合う積極的な喜びを生きることです。

祈り
私が気づいた時、あなたが愛してくださったことを思い出して、一歩を踏み出すことのできる愛の勇気をください。　アーメン。

第23章　祝福による尊厳 —— 主人に引き渡してはならない

「主人のもとからあなたのところに逃れて来た奴隷を、主人に引き渡してはならない。あなたの中、すなわち、あなたの町の一つで、彼が選ぶ場所に、あなたと共に住まわせなさい。彼を虐《しいた》げてはならない。」（16、17節）

ここに記されている「奴隷」が、どうして主人の許《もと》から逃げ出してきたのか、その詳しい理由は書かれていません。戦争で外国から逃げて来たのか、手荒なことをする主人から命からがら逃げだしてきたのか、あるいは、ただ仕事が嫌になって、ふらりと逃げ出したのか。理由が記されていない、ということは、この命令では理由を問うてはいないわけです。理由はどうあれ、私のところに逃げて来た。その人を受け容れるようにという命令です。

当時の社会において、こうしたことは実際に起こったことでしょうが、その場合、実際にはどういうことになるでしょうか。奴隷ということは、当時は主人の財産の一部です。他人の財産を、私が引き渡さないとしたら、それは横領か窃盗です。しかし、聖書は、「あなたと共に住まわせなさい」と命令するのです。もし、この命令に従うならば、元の主人との間で裁判になるでしょう。そうしたら、私は贖い代を払って、奴隷を買い取る他なくなってしまいます。

日本では「奴隷」ということば自体はほとんど使われませんが、実際には奴隷と変わりないような社会制度は今もあります。学校では校則が基本的人権を無視していたり、「派遣」とよばれる搾取が起こったり、時に日本を代表するような上場企業でも社員自らが「社畜」と自嘲したりします。ですから、単に社会を変えましょう、というだけでは問題の解決にはなりません。旧約聖書の時代から日常に起こっていたことが、今も続いているわけですから、人間の営みからそうした在り方を除き去ることは容易ではありません。逆にそうした考えが教会の中にさえ知らないうちに入り込んで来ることがあります。

実は、答えはシンプルです。それは、私は、人の尊厳やいのちを一番に考えているのか、それともお金や財産のことが心配なのか、ということです。

イエスさまは「まず神の国と神の義とを求めなさい。そうすれば、これらのものはみな添えて与えられる。だから、明日のことを思い煩ってはならない。明日のことは明日自らが思い煩う。」（マタイ6・33、34）とおっしゃいました。

社会が変わるのではなくて、私が変わることがすべてを変えます。信仰は、現実の中で働き、自分を変え、社会を変えていく力を持っています。

私たちが現実の問題に対処しようとすると社会的責任を負うことが起こりますし、経済的負担を伴うことも起こります。だからこそ、このイエスさまのみことばに聞き、神さまに先ず、心を支配していただき、現実の世界に働かれる神さまの御力に信頼するのです。

イエスさまは、私自身が罪と死の奴隷であったところから、救い出してくださったお方です。私が、信頼し、私を救い出してくださった、愛するお方です。私たちは、二度と奴隷状態に戻らないように、体を張って私のために贖いとなって十字架に死んでくださったお方と共に生きています。どれほどの代価を払ってでも、愛しぬいていてくださるイエスさまが決して私を離さず、共にいてくださいますから、私は、今日も生きていけます。

イエスさまの愛なしに人の尊厳を受け止めることはできません。十字架の愛だけが、私たちを健全に保ち、人間に与えられた本来の心豊かな生き方へと導きます。

祈り

神さま。あなたが私と一緒にいてくださるように、私を悲しみの中にいる人と共にいる人にしてください。　アーメン。

第24章　祝福の拡大 —— 贖い出されたことを思い起こしなさい

「あなたは、寄留者や孤児の権利を侵してはならない。寡婦《かふ》の衣服を質に取ってはならない。あなたはエジプトで奴隷であったが、あなたの神、主が、あなたをそこから贖い出されたことを思い起こしなさい。それゆえ、私はあなたにこのことを行うように命じるのである。」（17、18節）

神さまの命令に従うことは祝福だと記してきました。この章には、その秘訣と、在り方が記されています。

神さまは、わたしたちが互いに愛し合うようにと創造しておられるのですから、「人道上の規定」があるのは当然のことです。しかし、「愛する」ということは自発的なことだと何度も記して来ました。「愛しなさい」と命令されたから、という理由で愛し合うということはおかしな話しになってきます。

「愛」を「愛」として受けとめながら、それを「命令」として聞く、とはどういうことでしょうか？　その理由がこの24章に記されています。それも、私たちにわかるようにはっきりと、この18節と22節に、繰り返して私たちに命じられています。

それは、「あなたはエジプトで奴隷であったが、**あなたの神、主が、あなたをそこから贖い出されたことを思い起こしなさい。**」ということです。単なる人道的な配慮ではなくて、神さまが愛してくださった事実に基づいています。エジプトで奴隷であったイスラエルの民を贖い出してくださった神さまの一方的な恵みの御業です。それを思い起こしなさい、と。

ここに、私たちが愛に生きるための秘訣があります。クリスチャンが互いに愛し合うのは、神さまが、私たちを愛してくださって、御子イエス・キリストさまが人として地上に来てくださり、十字架に贖いとなってくださった事実にあります。私たちは、この圧倒的な恵みに感謝して生かされています。それは、神さまに感謝するとともに、そのようにして愛を示してくださった方の生き方に私たちも倣う者となるためでした。

人を愛するということは、感情だけでは続きません。自分の決意だけでは挫折してしまいます。私たちは、神さまが私に注いでいてくださる愛を思い起こし、その愛に憩うのです。私を愛しぬいていてくださる変わらないお方を思い起こし、そのお方によって救われた事実が、私を支え、互いに愛し合うことへの喜びの一歩を踏み出させます。
悲壮な覚悟で人を愛していると、愛される人の方が疲れてしまいます。「これだけ、愛してやっているのに」と変な方向へ自分の心がゆがんでしまいます。

疲れたとき、ふっと振り返ると、イエスさまの笑顔がある。悲しいとき、そっと見上げるとイエスさまのぬくもりがある。誰もわかってくれなくても、イエスさまは分かっていてくださる。そういうイエスさまの姿を思い起こすと、もったいなくて、うれしくなってまた前に進みだす。信仰の歩みは、そうしたことの連続です。主の御許に帰るその日まで、イエスさまの愛を感じながら、思い起こしながら、愛する者と整えられていくのです。

さらに、ここには、神さまの祝福の在り方についても記されています。19節に「あなたが畑で刈り入れをするとき、畑に一束忘れても、それを取りに戻ってはならない。それは、寄留者、孤児、寡婦のものである。そうすれば、あなたの神、主が、あなたの手の業すべてを祝福してくださる。」とあります。私たちは、このような箇所を読むときに、良いことをしたら、祝福されるのだ、と思います。果たして神さまはそのようにおっしゃっているのでしょうか？

確かに祝福されます。それは、神さまの命令に従った結果ですが、その祝福の対象は、私ではなく、「寄留者、孤児、寡婦」です。神さまの命令に従うことは、従う人を通して、祝福が、他の人に及んでいくことです。自分の働きの成功のためではなく、神さまが愛してくださったように愛するときに、祝福が社会に広がっていく、その在り方そのものが神さまの祝福です。

祈り

愛することを通して、イエスさまの笑顔に気づかせてください。　アーメン。

第25章　祝福の秩序 —— 口籠《くっこ》をはめてはならない

「脱穀している牛に、口籠をはめてはならない。」（4節）

この章には、新約聖書との関連の深い戒めが出て来ます。「悪しき者を鞭打つのなら、裁き人はその者をうつ伏せにし、自分の前で、その罪に応じた数だけ鞭で打たせる。四十回までは打ってもよいが、それ以上はいけない。」（2節）と出て来ます。パウロは、自分のことを証して「鞭打たれたことは数えきれず、死ぬような目に遭ったことも度々でした。ユダヤ人から四十に一つ足りない鞭を受けたことが五度」（二コリント11・23、24）と出て来ます。パウロの受けた弾圧が死の淵ぎりぎりのところであったことがわかります。

また、5節以降には、いわゆるレビラート婚に関する規定（5～10節　男子が子どもを残さずに死んだとき、彼の父か兄弟が死者の名と嗣業を存続するために、その寡婦と結婚することをいう。『キリスト教大事典』より）が出てきます。このことは、マルコによる福音書12章18節以下で、復活はないと言っているサドカイ派の人々からのイエスさまに対する質問として登場します。

この二つのことは、社会的弱者に対する在り方を示しています。たとえ犯罪者であっても、四十回以上は鞭打ってはならない、ということや、社会制度が今のように整っていなかった時代にあって、寡婦の生活を守る手段の一つとしてレビラート婚が制定されているということです。

これら二つの命令に挟まれるようにして、一行「脱穀している牛に、口籠《くつこ》をはめてはならない」とあります。律法の規定ですから、比喩ではなくて、実際に、脱穀するときの牛の権利について記しているのです。しかし新約聖書においてパウロは、この戒めに関して「モーセの律法に、『脱穀している牛に、口籠をはめてはならない』と書いてあります。神が心にかけておられるのは、牛のことですか。それとも、私たちのために言っておられるのでしょうか。もちろん、私たちのためにそう書かれているのです。」（一コリント9・9、10）と記して、使徒や奉仕者の生活について言及しています。同様にしてテモテへの手紙一5章18節でもこの御言葉が引用されています。

主のための働き人の生活について記されている、と新約聖書はこの命令を受け止めています。この御言葉をさらに、今日の教会にあてはめてみると、示していることは何でしょうか。牧師に対する教会の義務について、でしょうか？

パウロは、使徒としての権利として自分も働きに見合う対価が与えられて当然と考えていました。しかし、「では、私の報酬とは何でしょうか。それは、福音を告げ知らせるときに、無償でそれを提供し、宣教者としての私の権利を用いないということです。」（一コリント9・18）と記しています。パウロは自分に与えられた使命に喜んで生き、報酬に関係なく、むしろ、福音宣教のゆえに鞭打たれることを喜びました。

パウロが御言葉の神髄に生きたように、わたしたちもこの申命記の伝える命を生きることこそが大切なことだと知らされます。

教会は、社会の中で差別されている人、見向きもされずに放っておかれている人の隣り人として生きるようにと召されています。牧師は、生活のために職業として働いてはならないのです。言うならば、牧師は、脱穀している牛と同じです。神さまが召されたその使命に黙々と従うことこそが喜びです。

そういう牧師が仕えている教会に導かれ、共に主を礼拝できる方々は、幸いです。牧師の後ろ姿に十字架のイエス・キリストさまの愛を見ることができるでしょう。

そうして、導かれた教会や牧師を支えることができるのは、主に愛されている者に与えられた特別の恵みです。せっかく与えられた、喜び献げる権利を奪うことは誰にもできません。

祈り
あなたが与えてくださった使命に、喜びと思いやりを込めて従います。　アーメン。

第26章　祝福の民――主の宝の民、主の聖なる民

「主も、今日あなたに向かってこう宣言された。『あなたに告げたように、あなたは主の宝の民となり、すべての戒めを守る。主はあなたに賛美と名声と誉れを与えて、主が造られたすべての国民の上に高く上げる。あなたは、主があなたに告げたように、あなたの神、主の聖なる民となる。』」（18、19節）

教会生活を送る中で、堅苦しく感じることがあるかもしれません。そういう時には何かしらの問題が潜んでいるのかもしれません。

けれども、そういう堅苦しさに気づいた人は、二つの意味で幸いです。

一つは、教会のために祈る人となるように、と神さまが遣わしていてくださるからです。

教会はキリストの体ですから、愛が満ち溢れるところであるはずです。そうなっていないこ

とに気づいた人が先ず祈る時に、教会は変えられ健全な姿に戻っていきます。そうした尊い使命は、名もないクリスチャンに与えられる大きな特権です。神さまは、他の人（信仰歴の長い人や、教会の役員のような人）ではなくて、あなたを特別な人として教会に送っておられます。そういう人の祈りを神さまは待っておられます。今日の教会にとって必要なのは、このように教会のためにとりなしてくれる人の存在です。私が祈ることによって教会が変わり、主の喜びが満ちあふれるようになります。みことばは、そのような人のことを「**主の宝の民**」と呼んでいます。人がどうあろうとみことばの恵みにしっかりと繋がる人です。「主を神とし、主の道を歩み、その掟と戒めと法を守り、その声に聞き従います」（17節）という信仰の人です。

もう一つの意味での幸いというのは、自分自身の霊的な状態について知る機会を神さまが与えていてくださるという幸いです。

教会に問題を感じたときに、祈ることを示されて、その神さまの声に従う人は、神さまが必要としておられる大切な人です。ところが、教会に問題を感じつつも、祈ることができない、とするならば、それは、教会の問題だけではなくて、自分自身の問題でもあります。自分自身の中に、教会を堅苦しく感じる何かがあるのかもしれません。信仰から喜びを奪っているのは何なのかを静まって神さまに尋ねてみましょう。神さまは、自分自身の思いもしなかったことを示してくださるかもしれません。心をチクチクと刺していた小さなトゲが見つかるかもしれませんし、心の底に溜まっていた悲しみの水たまりを神さまがぬぐい取ってくださるのかもしれません。神さまがもっと深く私たちの心に触れたいと願っておられたことを経験できる素晴らしい恵みの機会となります。そして、そのような恵みを経験した人のことを「**主の聖なる民**」と呼んでいてくださるのです。

それは、イエスさまが、私のために自ら進んで人となってくださり、十字架に死んでくださった恵みの大きさに触れる機会です。

神さまに従うことは、冷たい命令としてではなく、愛の喜びから溢れ出る自発的な在り方です。愛する人のためなら、どんなことでもしたいと思いますし、その喜びは誰にも止めることはできません。

「あなたがたは、真理に従うことによって、魂を清め、偽りのない兄弟愛を抱くようになったのですから、清い心で深く愛し合いなさい。あなたがたは、朽ちる種からではなく、朽ちない種から、すなわち、神の変わることのない生ける言葉によって新たに生まれたのです。」（一ペトロ１・22、23）

祈り

きょう、わたしは何をなせばよいでしょうか？　どのようにしたらあなたの愛にお答えすることができるでしょうか？　アーメン。

第27章　祝福の選択 —— 民は皆、「アーメン」と言いなさい

「あなたがたがヨルダン川を渡ったなら、シメオン、レビ、ユダ、イッサカル、ヨセフ、ベニヤミンは、民を祝福するために、ゲリジム山の側に立ちなさい。ルベン、ガド、アシェル、ゼブルン、ダン、ナフタリは、民を呪うために、エバル山の側に立ちなさい。」
（12、13節）

人は、イエスさまを自分の救い主と信じることで救われます。しかし、それはゴールではなくてスタートです。神さまには、私たち一人ひとりに用意しておられる素晴らしい計画や使命があります。イエスさまを信じるか、信じないかの二者択一があったように、信仰生活は信じて従うか、従わないか、の選択の連続です。イエスさまを信じて救われたように、従うところに素晴らしい祝福があります。

この27章には「十二の呪い」が記されています。具体的な生活を通して私たち自身が神さま

の祝福を信仰によって決断するのです。祝福のゲルジム山か、呪いのエバル山か、どちらかをです。

私たちは地の塩、世の光として生きようとするなら、家庭のこと、夫婦のこと、親のこと、子どものこと、職場のこと、学校のこと、将来のこと、友人のこと、地域のこと、経済のこと、政治のこと、など、神さまのみこころに適う良い方を選ぶ時、本当の意味での祝福を得ることができます。

信仰生活においても、礼拝のこと、祈りのこと、献げること、証しすること、賛美することなど、恵みの手段を神さまに従って大切にすることを通して、神さまの栄光が現わされます。

ただ、時として、従えない自分と出会います。出来たら、避けて通りたいような神さまの命令があります。耳を塞ぎ、目を閉じて神さまから遠回りをして聞かなかったことにしようと思うことがあります。そうすると、右に曲がって、左に逸れて、前に進んだつもりが、元のところに戻って来て、結局、神さまのご命令と向き合うことになります。そして、神さまに降参してしまう時に、素晴らしい祝福が待っていたことに気づきます。

また、場合によっては、一度きりの神さまからのご命令の機会に従わないまま、その機会を失ってしまうことも起こります。そうしたときに、私たちは後悔します。「どうして、あの時神さまの御声に聞き従わなかったのだろうか」と、悩みつづけることもあります。もう二度と祝福にあずかることはできないと決めつけて、自分は「呪い」の側を選んでしまったと絶望します。

イエスさまが、サマリアの女と会話をなさったときのことです。イエスさまが、女性のことを言い当てたので、この女性は「主よ、あなたは預言者だとお見受けします。私どもの先祖はこの山で礼拝しましたが、あなたがたは礼拝すべき場所はエルサレムにあると言っています。」（ヨハネ4・19、20）と急に話し始めます。サマリアの女の言う「この山」というのは、ゲリジム山のことです。神さまの祝福に満ちた山です。するとイエスさまは答えられます。「女よ。私を信じなさい。あなたがたが、この山でもエルサレムでもない所で、父を礼拝する時が来る。……まことの礼拝をする者たちが、霊と真実をもって父を礼拝する時が来る。今がその時である。」（同4・21～23）

ゲリジム山でもエルサレムでもなく、私たちがまことの礼拝をささげるのは、私たちの不従順をさえ負ってくださったイエスさまが ——、

「へりくだって、死に至るまで
それも十字架の死に至るまで
従順」（フィリピ 2・8）

であったからです。サマリアの女がそれまでの生活から一変して喜び主を証ししたように、イエスさまの従順による十字架の赦しの経験は、私たちを復活の力による祝福へと導きます。その時、私たちは失敗にはるかにまさる、死んでいたはずの者が生き返るという、敗者復活の恵みに生きる幸いを知ります。

祈り
イエスさまの復活の勝利の力によって、従う恵みの道に進みます。この道以外に喜びの道はないのですから。　アーメン。

第28章　祝福の完成者 —— すべての戒めを守り行うなら

「もしあなたがあなたの神、主の声に必ず聞き従い、今日私が命じるすべての戒めを守り行うならば、あなたの神、主はあなたを、地上のすべての国民の上に高く上げてくださる。」（1節）

私たちはこれまで、祝福か呪いかという二者択一だと御言葉に聞いて来ました。ここにも「主の声に必ず聞き従い」「すべての戒めを守るなら」とあります。

確かに「必ず、すべての」戒めを守れたら祝福なのです。しかし、それでは「一つでも守れなければ……」ということがすぐに頭をよぎります。15節からのところには、祝福に関するよりも3倍近く「呪い」のことばが記されています。これでもか、というほど呪いの言葉が続きますから、恐ろしくなってしまいます。

守れないとわかっている掟を突き付けられては戸惑うばかりです。

イエスさまは、何とおっしゃっているのでしょうか？　マタイによる福音書5章17節には「私が来たのは律法や預言者を廃止するためだ、と思ってはならない。廃止するためではなく、完成するためである。」とあります。「律法や預言者」というのは、旧約聖書のことです。イエスさまは、聖書全体について語っておられます。私たちは、申命記を読んでいると、そこに書かれていることに囚われて、全体が見えなくなってしまいます。そして神さまが語ろうとしていることと正反対の方へ進んでしまうことが起こります。

推理小説を読んでいると、誰もが怪しく見えてきますし、一方どこにも犯人はいないような気もします。けれども、最後に名探偵が登場して問題を解説し始めると、それまでの疑問や分からなかったことが「なるほど、そうだったのか」とわかります。

聖書も全体を読まなければ袋小路に入って抜け出せなくなります。イエスさまは「私が来たのは、……完成するため」（マタイ5・17）とおっしゃいました。イエスさまが十字架の上で成し遂げてくださった救いによって、聖書全体は完成します。私たちには無理だ、祝福にはあずかれない、と嘆くしかなかった私たちのために来てくださったお方によって、私たちの救いは完全に成就しました。聖書が私たちに教えたい本当のことは、そこにあります。自分の力ではない、神さまの愛の憐みによって、罪びとが赦され、救われるのです。

そこで私たちは、呪いを逃れるためではなく、祝福を受け継ぐ者として、喜んで**神さまの命令に従う生き方**を選び取るような積極的な生き方へと、歩みだすことが出来ます。

「信仰の導き手であり、完成者であるイエスを見つめながら、走りましょう。この方はご自分の前にある喜びのゆえに、恥をもいとわないで、十字架を忍び、神の王座の右にお座りになったのです。」（ヘブライ12・2）

祈り

イエスさまの十字架を見つめて、信仰の喜びの内を歩みます。　アーメン。

第29章　祝福の妨げ —— 自分のかたくなな思いに従うな

「この呪いの言葉を聞いても、心の中で自分を祝福し、『心をかたくなにして歩んでも、私は大丈夫だ』と言うなら、潤っている地も乾いている地と共に滅びる。主はその人を赦そうとはされない。その時、主の怒りと妬みは燃え上がり、この書に書かれているすべての呪いがその者にかかり、主は彼の名を天の下から消し去られる。」（18、19節）

いよいよモーセに率いられてきた荒野の40年も終わりの時を迎えました。40年の間にイスラエルの民は何かの偉業を達成したわけではありません。国家を築き上げたのでもありませんし、大きく世界に影響を与える、ということもありませんでした。神さまは、十戒を授け、律法を付与し、幕屋の建設を指示されましたが、それは神さまのご命令であり、イスラエルの民が自発的に行動した、というようなものではありませんでした。

むしろ、イスラエルの民にとって40年は、呟きと失敗の40年でした。奴隷であったエジプト時代を懐かしんだり（民数記11章）、モーセのいない間に金の子牛を作ったり（出エジプト記32章）、約束の地に行くようにという命令に、怖気づいたりの連続でした（民数記13章）。

モーセにとっても、イスラエルの民の行く末には、不安があったことでしょう。御言葉を自分に都合の良いように解釈したり、神さまに従うことよりも、自分の思いを優先しようとすることは、目に見えています。

40年の間、エジプトからの脱出や、紅海が分かれて海の真ん中を渡ったこと（出エジプト記14章）、シナイ山で、神さまが十戒をくださったこと（同20章）、昼は雲の柱、夜は火の柱によって導かれ（同13・21、22）、また毎日、マナをもって養ってくださったこと（同16章）など、奇跡の連続でしたが、どれほどの奇跡を体験しても、それがそのまま、神さまを信じて従う、という信仰にはならない、ということを私たちにも告げています。

「あなたがその目で見たのは大いなる試みで、それらは、大いなるしるしと奇跡であった。しかし主は今日まで、それを知る心、見る目、聞く耳をあなたがたにお与えにならなかった。」（申命記29・2、3）とあるように、すばらしい信仰の体験も、私たちの中で、「神さまは、私たちがどんなに不信仰でも大丈夫」と全く身勝手に解釈されてしまうことさえ起こります。

私たちが救われたのは、ただ神さまの恵みであり、一方的な憐みです。そして、その恵みには理由があります。それは、私たちを通して、神さまの栄光が現れることです。神さまのことを無視して生きている人たちが、真の神さまの愛を知り、イエスさまの十字架によって罪が赦されて永遠の命が与えられていることを信じて救われるためです。もし、私たちが、自分勝手な生き方を続けているとしたら、それが証にならないのは言うまでもありません。かえって、イエスさまが侮られ、父なる神さまが辱められることになります。私のせいで、です。

御言葉の真実に信頼して歩みましょう。聖書のことばはすべて真実です。その信頼を失ったなら、信仰は死んでしまいます。イエスさまがいのちがけで愛してくださったその愛を無駄にしてよいはずはありません。

「そこで、私が切に願い、望んでいるのは、どんなことがあっても恥じることなく、これまでのように今も堂々と語って、生きるにも死ぬにも、私の身によってキリストが崇められることです。」（フィリピ１・20）

祈り
あなたの真実な救いに、精一杯の真実をもって答えます。　アーメン。

第30章　祝福の順序 —— 主に付き従いなさい

「私が今日命じるこの戒めは、あなたにとって難しいものではなく、遠いものでもない。」（11節）

「その言葉はあなたのすぐ近くにあり、あなたの口に、あなたの心にあるので、あなたはそれを行うことができる。」（14節）

これまで、イスラエルの民に対して多くの命令が語られてきました。私たちは、命令と聞くとそれだけで、身構えてしまうところがありますが、実際には、それは罪人である私たちが、祝福を受けるための手段であったことを御言葉に聞いてきました。神さまは、私たちを祝福しようと待っておられるのです。

私たちが信仰を持つときに感じた抵抗と同じことが、信仰を持ってからも起こります。一つ

一つ、神さまの命令に聞き従って、その後で、

「ああ、従って本当に良かった。どうしてもっと早く従わなかったのだろう。」

という思いを持つような経験も二度や三度ではありません。

私たちの教会は、バリアフリーですので、車いすの方も自由に出入りができますが、それでも一般の方々は ―― 、

「教会は敷居が高い。」

と言われます。「敷居はない」のにです。「敷居が高い」という言葉の本来の意味は、「不義理または面目ないことなどがあって、その人の家に行きにくい。敷居がまたげない。」（『広辞苑 第6版』岩波書店』）だそうです。私たちの魂の内に、神さまの恵みに対する負い目があって、それが敷居を高く感じさせているのかもしれません。敷居は心の中にあります。


信仰を持ってからも、一つ一つ、神さまの祝福の中を歩んで豊かな愛の使命に生きるためには、**主に付き従う決断**が必要です。信仰はいつでも決断です。

「救われたら、信じる。」

と、未信者の方は言いますが、「信じて、救われる」のです。順番は変えられません。もし逆だったら、

「救われたから、もう信じる必要はない」と、その人は言うことでしょう。いつでも、「信じて、従うこと」が先です。従うことも、本当は難しくはないのです。神さまが「あなたにとって難しいものではなく」とおっしゃるのですから。

難しいと感じているのは、私の心の中に神さまに対する抵抗勢力がいるからです。

イエスさまは、「だから、言っておく。祈り求めるものはすべて、すでに得られたと信じなさい。そうすれば、そのとおりになる。」（マルコ11・24）とおっしゃいました。信じることが先です。祝福は、目の前にあります。神さまは、気前の良い方です。私たちを祝福しようと待っておられ、「こうすれば良いのだよ」と教えていてくださるのが、聖書に記されている命令です。

祝福は、私たちが信じる前から用意されています。信じる者だけに与えられているのではなくて、すべての人に祝福は用意されています。その祝福を受け取ることが信仰です。「私たちが愛するのは、神がまず私たちを愛してくださったからです。」（一ヨハネ4・19）信じて従って、祝福を経験します。順番が違うと、祝福に気づかないのです。

神の御子であるイエスさまご自身が、神さまのみこころに従って、自ら十字架を負ってくださったのです。この愛の神さまに私たちも喜んで、主に付き従いましょう。

祈り
従うことが難しいと思う時、共にくびきを負っていてくださるあなたの息遣いに気づかせてください。アーメン。

第31章　祝福の継承 —— 私は彼を任命する

「主はモーセに言われた。『さあ、あなたの死ぬ日が近づいた。ヨシュアを呼び寄せ、会見の幕屋の中に立ちなさい。私は彼を任命する。』そこでモーセはヨシュアと共に行って、会見の幕屋の中に立った。」（14節）

モーセは偉大な指導者でした。エジプトの王子として育てられ、ファラオの前で一歩も引かずに、イスラエルの民を開放するように要求しました。紅海を渡り、シナイ山で十戒を受け、40年の間、民をまとめ上げてきました。そのような偉大な指導者の跡を継ぐ、ということは至難の業です。選ばれたのは、ヨシュアでした。そして、ヨシュアは、見事にその大役を果たし、約束の地に民を率いて入り、その地で定住していきます。これほど順調に後継者へとバトンが渡った例は、聖書の中にもあまりないように思います。

教会でも牧師の後継者問題は大きなことです。前任者が偉大であればあるほど、跡は難しくなります。また、家庭でも信仰継承の問題は大きなことです。親は立派な信仰を持って教会の中心的な働きをしていたのに、その子供たちが、教会に繋がっていない、ということは残念ながらよく起こります。

　モーセからヨシュアへの代替わりは、なぜうまくいったのでしょうか？　モーセがずっとヨシュアを傍において教育したからでしょうか？　モーセには人の能力を見極める眼力があって、血縁にこだわらず、指導者としての資質をヨシュアに見出していたからでしょうか？　あるいは、ヨシュアが、忠実で信仰深い人物であったからでしょうか？

　この箇所から分かることがあります。14節の後半に「そこでモーセは、ヨシュアと共に立って、会見の幕屋の中に立った。」とあります。二人そろって神さまの前に立ったのです。一方が聞いたことを他方に伝えたのではなく、一緒に神さまの命令を聞いたのです。モーセもヨシュアも同じ人間として、神さまの前に立ったのです。そこで語られた神さまのことばは実に率直なことばです。「あなたは間もなく先祖と共に眠りに就く。」（15節）「あなたの死ぬ日が近づいた」と言えるのは、いのちの神さまだからです。その厳かな神さまの前に立つことができるということに継承の祝福があります。

　私の父が召される一か月半ほど前に、私は家族で父のいる病室を訪ねました。実際それが父と会話を交わした最期の機会となりました。父はクリスチャンでしたが、私は牧師として何をどう語るかずっと考えていました。

父は私に言いました。

「わたしは、これまで何人もの人のお見舞いに行って、今の私と同じ症状の人たちを見て来た。今は、こうして話ができるが、あと一か月もすると体中にチューブを巻かれて、呼吸器が付けられて、それから話もできなくなる。わかっているから大丈夫だ。」と。

それで、私は安心して、父にこう言いました。

「お父さん、天国があるからね。私も、子どもたちも、皆、後から行くからね。」

そう言ってから一緒にお祈りをしました。父はまるで幼子のように、ベッドにあおむけのまま、手を組んで祈りの姿勢をとっていました。その後で、一人ひとりと写真を撮りましたが、私と写真を撮る時には、寝ていたのに、孫たちと写真を撮る時には、体を起こして、当時小学生だった孫たちと並んで写真を撮りました。

私たちは、信仰が与えられて生きていますが、信仰を持って死ぬことにも大切な使命があることを教えられました。あの一瞬は、父にとっても、私にとっても、私の子どもたちにとっても臨在の主の前に共に立っていることを感じた大切な時でした。

「私にとって、生きることはキリストであり、死ぬことは益なのです。」（フィリピ1・21）

十字架に死んでくださったイエスさまと共に、その復活の力を信じて歩むことができるほど大きな祝福はありません。

祈り
ただ死ぬばかりでしかない小さな者を、復活の力に生かしてくださるあなたの御名を崇めます。　アーメン。

第32章　祝福への勧告――あなたがたの命だからである

「あなたがたは、私が今日あなたがたに証言した言葉をすべて心に留め、子どもたちに命じてこれらの律法の言葉を守り行わせなさい。これは、あなたがたにとって空しい言葉ではなく、あなたがたの命だからである。この言葉によって、あなたがたはヨルダン川を渡って行って所有する土地で長く生きることができる。」（46、47節）

モーセはこれまで神さまの命令をイスラエルの民に伝えてきました。そのモーセが、自分の言葉でイスラエルの民に語りかけています。ですからここでモーセ自身の信仰の姿や、神さまとの関係をうかがい知ることができます。

「私の教えは雨のように降り注ぎ
私の言葉は露のように滴る。

若草の上に降る小雨のように
青草の上に降る夕立のように。」（2節）
「主は岩であり、主の業は完全で
その道はことごとく正しい。
主は真実の神で、偽りがなく
正しく、まっすぐな方。」（4節）
「主は荒れ野で、獣のほえる不毛の地で彼を見つけ
彼を抱き、いたわり
ご自分の瞳のように守られた。」（10節）
「鷲がその巣を揺り動かし
雛の上を舞い
羽を広げて雛を取り
翼に乗せて運ぶように
ただ主だけが彼を導き
異国の神は共にいなかった。」（11、12節）

声に出して読み上げていると、幾つもの賛美が湧き上がって来るような言葉の数々です。多くの信仰者を励まし、詩人に感化を与え続けてきた言葉が宝石のように並びます。

モーセについては「主は、人がその友と語るように、顔と顔を合わせてモーセに語られた。」（出エジプト記33・11）と記されている通り、神さまとの豊かな語らいと交わりの中に生き、支えられてきた人でした。それだけに、この32章を読むと、自分のいなくなった後のイスラエルの民が、すぐに神さまの愛から離れて自分勝手に歩んでしまうであろうことが、もどかしくてならなかった様子がにじみ出ています。

私たちも、どれほど、御言葉によって支えられてきたことかわかりません。孤独な時、涙流すとき、神さまの温かい愛の語りかけによって守られてきたことか……。

モーセは、神さまのご命令に従うことを喜びとし、その祝福を確かに実感していたのに違いありません。「モーセは、主と語るうちに彼の顔の肌が光を帯びていることを知らなかった。」（出エジプト記34・29）とも記されています。私たちは、モーセのようではないでしょうが、それでも、御言葉を通しての神さまとの語らいの麗しい時を持っています。その時の様子はきっと、周りの人には、顔が光り輝いて見えているはずです。

「そうすれば、とがめられるところのない純真な者となり、ゆがんだ邪悪な時代にあって、傷のない神の子どもとなって、この世で星のように輝き、命の言葉をしっかり保つでしょう。」（フィリピ2・15、16）

みことばに触れるなら、御子イエス・キリストさまの十字架の慈しみと、復活の命が溢れる祝福が日々備えられています。

祈り
御言葉によって生きる今日の日が、どなたかを照らし出す日となりますように。
アーメン。

第33章　祝福の言葉 —— いかに幸いなことか

「イスラエルよ、あなたはいかに幸いなことか。
あなたのように主に救われた民があろうか。
主はあなたを助ける盾
あなたの威光の剣。
敵はあなたに屈服し
あなたは彼らの高き所を踏みつける。」（29節）

モーセは最期に、イスラエルの民に対して、その部族一つ一つに祝福の言葉を語ります。これからモーセの手を離れてそれぞれに暮らしていく民に贈るのは祝福の言葉でした。

私たちも、礼拝の最後には祝祷を受けて、日々の生活の場へと遣わされていきます。

またパウロも、

「あなたがたを迫害する者を祝福しなさい。祝福するのであって、呪ってはなりません。喜ぶ者と共に喜び、泣く者と共に泣きなさい。」（ローマ12・14、15）

と書き記しています。

クリスチャンである、ということは、祝福を受け継ぐ民である、ということです。それは、祝福を伝える民となる、ことでもあります。祝福の神さまの祝福の中を喜びと共に歩んでいくのです。祝福の神さまの祝福を悲しみの中も変わらずに歩んでいくのです。

未知のウィルスが蔓延し、未曽有の災害が頻発し、最悪の事件が繰り返されるような矛盾だらけの世界の中に、神の御子がおいでになって、十字架に架かって死なれる、というあり得ない方法によって私たちを救い出し、神さまの変わらない真実な愛によって生かしていてくださいます。ですから私たちは、祝福された民として、祝福に生きることができるのです。そして、この祝福は、すべての民に対して与えられている祝福である、ということを伝える特権に生きるのです。

何と幸いなことでしょうか。イエスさまが山上の説教で「幸いである」と宣言してくださったように（マタイ5・3～12）、私たちは、そのままで、貧しさの中で、悲しみの中で、飢え渇いた中で、幸いである祝福にあずかっています。

祈り
何もない貧しい者を、幸いと呼んでくださる祝福の言葉を感謝いたします。アーメン。

第34章　祝福された生涯 ―― 誰も彼の葬られた場所を知らない

「主の僕モーセは、主の言葉のとおり、モアブの地で死んだ。主はベト・ペオルの向かい側にあるモアブの地の谷に彼を葬られた。しかし、今日に至るまで、誰も彼の葬られた場所を知らない。」（5、6節）

「モーセという偉大な指導者の最期がこれで良いのだろうか?」と思います。神さまに従い通して生涯を賭けてイスラエルの民を導き、エジプトを脱出し、40年かけて荒野の生活を全うし、まだ気力も体力も十分だったのに、約束の地を目の前にしてそこに入ることができない。その上、モーセの葬られた場所を誰も知らない、とは何という結末でしょう。

神さまのなさることには、最期まで驚かされます。しかし、このことを通して、私たちは、神さまが与えてくださる祝福の意味をもう一度考えさせられます。

本当の祝福とは一体何だったでしょうか？　それは、「主が共におられる」ということでした。

1章でモーセはイスラエルの民にこう語っていました。

「おののいてはならない。恐れてはならない。あなたがたの神、主があなたがたの前を歩まれる。その方が、エジプトであなたがたの目の前で行ったように、あなたがたのために戦われる。それに荒れ野では、この場所に来るまで、あなたがたが歩んだすべての道のりを、人がその子を背負うように、あなたがたの神、主があなたを背負ってくださったのを、あなたは見た。」（1・29～31）

先立ち、背負い、戦ってくださる神さまです。私たちの死をご自身が担い、贖ってくださるお方でした。モーセは、自分の功績をすべてモアブに置いて、神さまの本当の約束の地へと、この神さまに背負われて入って行ったのです。

ここに本当の祝福の生涯があります。地上での、歩みがどれほど悲惨で不幸に見えたとしても、それは十字架のイエスさまが味わわれた苦難であることを知る時、私のために涙を流し、苦しまれたイエスさまの愛によって、私たちの涙は拭われ、十字架の主に担われて、私たちは御国に凱旋するのです。私たちが苦難を味わう時、十字架の贖いが確かなことを知ります。そして、私たちがどんなに足りなくても、神さまのために何の貢献もできなかったとしても、誰も私の最期を知らなくても、そのようなことには全く関係なく、すべてのことをご存じの神さまの恵みによって、救いにあずかっているのです。

主の命令とは何だったでしょう。それは「神さまの祝福を知り、祝福にあずかること」でした。勝手に振舞い罪の中に生き、自ら死を刈り取っていた私たちを、愛の神さまが命がけで、迎えに来てくださったのです。神さまの御声に立ち帰るところにこそ祝福が待っています。

「キリストは、人として生きておられたとき、深く嘆き、涙を流しながら、自分を死から救うことのできる方に、祈りと願いとを献げ、その畏れ敬う態度のゆえに聞き入れられました。キリストは御子であるにもかかわらず、多くの苦しみを通して従順を学ばれました。そして、完全な者とされ、ご自分に従うすべての人々にとって、永遠の救いの源となり、神によって、メルキゼデクに連なる大祭司と呼ばれたのです。」（ヘブライ5・7〜10）

主と共に今日という日を歩んでいきましょう。そして主と共にその日まで担われつつ生かされてまいりましょう。

祈り

きょうも、あなたと共に生きます。あなたが、「よくやった。そこまでだ」とおっしゃるその日まで。 アーメン。

あとがき

今回は、書名を『祝福された生涯の秘訣』としました。

理由は、信仰というのは、現実生活の中で働いてこそ意味がある、という思いからでした。現代のクリスチャンには、どうも、頭の中だけで信仰を考えてしまっているようなところがあるからです。

「信仰ではこう考えるけれども、実際には」というように「**信仰**」と「**現実**」を分けてしまって、**二重の基準**を、作り出しているような感じです。

聖書は、現実の私たちの生活に対して力ある書物です。命に満ちあふれています。せっかく神さまが、御子を十字架に贖いとなさるほどに、本気で愛してくださったことを記しています。ですから、御言葉が開かれる時、私たちは愛に包まれて、神さまの証し人として良い働き人となります。

それで、実際に御言葉に従うということは素晴らしいことである、ということを味わうためにこのような題となりました。

一見すると、カルト宗教の誘い文句か、自己啓発本のような題にも見えますが、御言葉と共に開いて、御言葉に聞いていただければ、中身の違いは明らかだと思っています。

聖書が好きになり、申命記が喜びになり、現実が力あるものとなることを信じています。

今回も、コロナ禍の中、出版のためにご尽力くださり、お助けくださった株式会社ヨベルの安田正人様に感謝申し上げます。

また、校正を手伝ってくれた娘、志園と、息子である小樽ホーリネス教会 塩屋 証牧師に感謝をいたします。

今回の本が、前回よりもまとまった形になったのは、これらの方々の助けによります。

２０２１年10月

著者略歴：
塩屋　弘（しおや・ひろむ）
ウェスレアン・ホーリネス教団戸畑高峰教会牧師。
1959 年宮崎県生まれ。西南学院大学商学部、東京聖書学校卒。
4 年間で 3 つの教会を開拓。
ウェスレアン・ホーリネス教団委員。
九州ケズィック・コンベンション委員長。
著書『ヨブ記に聞く！』（ヨベル、2019）

祝福された人生の秘訣 —— 申命記に聞く！

2021 年 11 月 01 日 初版発行

著　者 —— 塩屋　弘
発行者 —— 安田正人
発行所 —— 株式会社ヨベル　YOBEL, Inc.
〒 113-0033 東京都文京区本郷 4-1-1　菊花ビル 5F
TEL03-3818-4851　FAX03-3818-4858
e-mail : info@yobel. co. jp
装丁者 —— ロゴスデザイン：長尾 優
印刷所 —— 中央精版印刷株式会社

配給元—日本キリスト教書販売株式会社（日キ販）
〒 162 - 0814　東京都新宿区新小川町 9 -1
振替 00130-3-60976　Tel 03-3260-5670

ISBN978-4-909871-57-2 C0016

【書評再掲：本のひろば　２０２０年２月号】

友人を執り成す者となる者となるために

塩屋　弘著『ヨブ記に聞く！』（四六判・１６８頁・１３００円＋税）

評者：**山崎　忍**

本書は、わたしたち人間の視点ではなく、神の視点から苦難の意味を見直させてくれる、目から鱗の良書である。ヨブ記を一章ずつ読み進め黙想できるようになっているが、わたしは、一気に読み上げてしまった。それは、書評のためではなく、読み進めるうちに止まらなくなったからである。

これまで私が触れたことのあるヨブ記に関する書物に、これほどワクワクしながら読んだことはなかった。本書は著者の応答の祈りを持って各章が結ばれている。それは、本書が、神の言葉を聞き、神の恵みの豊かさに応答した著者自身のディボーションだからである。だから、わたしたちもディボーションのように読み進めるとき、その中で主の深い御心を示し、気づきを与え、チャレンジを与えられる。分かりやすく明快であり、例話も豊かで、時には思わず微笑んでしまうような信仰生活の日常も織り込まれている。

「初めから終わりまで一貫して『ヨブは正しい人』と神が認めておられるのです。……私たちは、ヨブ記を読み進めていくうちに、ヨブはわがままで、友人たちの方がよほどまともだ、と思います。けれども、そのようにわたしたちがヨブの言葉を聞いているとしたら、私たちはやはり正しい人には程遠いのだということが分かります。」ヨブ記を通して、何が本当の正しさなのかを神が語っておられることをこの書物は紐解き、わたしたちに教えてくれる。それは、同時に苦難を本当の意味を知ることになる。

ヨブの友人は、ヨブを見舞いに訪れても、ヨブの苦難に向き合おうとせず、むしろヨブの態度を非難するようになる。彼らは、ヨブの苦難の原因を過去に見出そうとしたからである。わたしは、牧者として、信仰者として、苦難の中にある人と何度も対話し、共に祈ってきたが、この書物を読む中でも、自分の知らない内に因果応報的な考えに陥り、ヨブの友人のように苦難の中にある人に語りかけていた愚かな自分に気づかされたことである。

ヨブの苦悩は、彼の苦難そのものではなく、苦難から救い出されないからでもなく、「いつも一緒だった神さまが何も語ってくださらないということが……苦悩」であった。そして、ヨブの苦難に新しい視点を与えたのがエリフである。彼は、三人の友人とは異なり、「ヨブにこれからの神さまの御計画へと目を開かせ」る。そして、わたしたちが苦難に遭遇するとき、「苦難の意味を問うのではなく、苦難を通して神様がなさろうとしておられる恵みの計画」へと心を向けさせたのである。

著者は、最後に、ヨブ記の結びとして、キリスト者の使命として42章8節の言葉を上げている。「わたしの僕ヨブはお前のために祈ってくれるであろう。わたしはそれを受け入れる。」ヨブの苦難は、誰のためであったのか。苦難の意味が分からず、過去から応えを引き出そうとし、ヨブを傷つけた罪深い三人の友のための執り成しである。そして、それは、わたしたち一人一人のための執り成しである。

わたしたちは、この書物と共に黙想するとき、知っていたつもりの主の十字架の苦難をより一層深く教えられ、経験し、自分の十字架を負う者に変えられることになるであろう。

（やまざき・しのぶ＝ウェスレアン・ホーリネス教団 浅草橋教会 牧師）

塩屋　弘

ヨブ記に聞く！

エリフとはいったい何者か？

正しい人がゆえなき苦しみに遭うのは何故か――。古今東西の人々を惹きつけてやまない「ヨブ記」を、あたかもヨブと友人たちの輪の中にいるような息づかいを込めて巡り直す。１章ごとに簡潔な解説と祈りの一文を添えて、全42章を霊想するに格好の手引き書が登場！

信仰はきれいごとではありません。私たちの生死の問題です。命がけのことです。「神さまの返事があってもなくても結構です」などと悠長なことは言っておれません。ヨブは、感情が振り切れるような、自分を抑えられない極限状態に置かれることを通して、自分の力や理性による信仰ではなく、私の外側から、私に注がれる神さまの愛に直に触れ、御声を聞く備えが整えられたのです。（本文より）

ISBN978-4-909871-04-6　四六判・一六八頁・一四三〇円（本体一三〇〇円＋税）

info@yobel.co.jp　FAX03(3818)4858　http://www.yobel.co.jp/

ヨベルの既刊書（税込）

日本イエス・キリスト教団明野キリスト教会牧師　大頭眞一

聖書は物語る　一年12回で聖書を読む本

正木牧人氏・評（神戸ルーテル神学校校長）本書の用い方を考えてみた。牧師が一般の人々に案内し教える。牧師が自分の学びのために用いる。神学校などの教材としては本書はちょうど1学期間で学べるよい長さだ。夫婦で学ぶ。高校生に教養として教える。大学生のサークルで学べる。教会学校の先生が聖書全体の流れを本書で把握するのもよい。『聖書は物語る』を手に取った方々が本書を用いて聖書の学びを深め、草の根運動のように様々なところで学びが始まったら、教会が、日本が、世界が、かわる。

六版出来　A5判上製・一一二頁・一一二〇円（一一〇〇円＋税）ISBN978-4-946565-84-7

聖書の学び会のテキストや教科書として多くの方々に使用されています。

聖書はさらに物語る　一年12回で聖書を読む本

工藤信夫氏・評（精神科医）人々は今日でも恐らく世界中のベストセラーである聖書を知りたい、読みたいと願っているのかもしれない。にもかかわらず〝これまでのキリスト教〟は、なにか人々のニーズに応えかねているのではないだろうか。キリスト教界の大きな課題の一つに違いない。聖書を「神の物語」と捉らえていることは興味深い。

四版出来　A5判上製・一一二頁・一一二〇円（一一〇〇円＋税）ISBN978-4-907486-19-8

マイケル・ロダール著　大頭眞一訳**《電子書籍》化決定！**

神の物語　上・下

＊在庫僅少　各一五四〇円（一四〇〇円＋税）

ヨベル新書043・三二〇頁 ISBN978-4-907486-19-8

ヨベル新書044・三〇四頁 ISBN978-4-907486-19-8

岡山大学名誉教授　金子晴勇　**東西の霊性思想**　キリスト教と日本仏教との対話

ルターと親鸞はなぜ、かくも似ているのか。「初めに神が……」で幕を開ける聖書。唯一信仰に生きるキリスト教と、そもそも神を定立しないところから人間を語り始める仏教との間に対話は存在するか。多くのキリスト者を悩ませてきたこの難題に「霊性」という観点から相互理解と交流の可能性を探った渾身の書。

四六判上製・三四〇頁・一九八〇円　ISBN978-4-909871-53-4

岡山大学名誉教授　金子晴勇　**わたしたちの信仰**　その育成をめざして

聖書、古代キリスト教思想史に流れる神の息吹、生の輝きを浮彫！　アウグスティヌス、ルター、エラスムスらに代表されるヨーロッパ思想史。その学究者が、ひとりのキリスト者として、聖書をどのように読んできたのか、信仰にいかに育まれてきたのかを優しい言葉でつむぎなおした40の講話集。

新書判・二四〇頁・一二一〇円　ISBN978-4-909871-18-3

ジョン・ポール・レデラック　水野節子、宮崎 誉［共訳］　西岡義行［編］

敵対から共生へ ― **平和づくりの実践ガイド** ―

非暴力と平和主義を掲げるメノナイトの本書著者レデラック氏が
第36回庭野平和賞受賞！
敵意と対立の痛みから、新たな関係へと創造的に変革されていく、驚きの道案内！

新書判・一五二頁・一二一〇円　ISBN978-4-909871-55-8

宮村武夫著作 全8巻

宮村武夫著作 ③ 真実の神、公同礼拝 コリント人への手紙第一「注解」

編集委員長：永田竹司　賛同人会長：廣瀬　薫

巻頭言：市川康則先生（日本キリスト改革派千城台教会牧師）

エッセイ：佐藤全弘先生（大阪市立大学名誉教授、キリスト教愛真高等学校第三代理事長）

＊全巻完結！　四六判上製・三四〇頁・一九八〇円　ISBN978-4-946565-52-6

日本同盟基督教団苫小牧福音教会牧師　水草修治

失われた歴史から　創造からバベルまで

創世記の原初史を読めば現代がわかる　神にかたどって創造され、エデンから追放され、ノアの洪水を経て、バベルの塔の崩壊へと至り、アブラハム契約へと至る人類の始祖たちの流浪。創世記1～11章に記された物語の中に、神の計画の全体像を読み解く。

新書判・二二四頁・一二一〇円　ISBN978-4-907486-91-4

メアリー・C・ニール　三ツ本武仁訳

天国からの帰還 ―真実の物語―

――ある医師の死、天国、天使、そして生還をめぐる驚くべき証言

現代人は天使の声を聴けるか？　カヤックごと滝つぼに呑み込まれて溺れ死んだ後、再び地上の生へと連れ戻された著者の〝臨死体験〟。その〝死〟のあいだに経験したものとは。天上の霊的な仲間たち、天使たちとの会話、神の圧倒的な臨在について、キリスト教信仰の文脈で語られた希少な証言、待望の邦訳！

四六判・二五六頁・一七六〇円　ISBN978-4-907486-97-6